心理療法における 無意識的空想

セラピストの妊娠に焦点を当てて

若佐美奈子
Wakasa Minako

Ψ
金剛出版

推薦の辞

松木邦裕（京都大学名誉教授）

　精神分析家や精神分析的心理療法家は女性に適した職業のひとつである，と私は思っている。実際，精神分析の世界にはメラニー・クライン，ポーラ・ハイマン，ハンナ・スィーガル，ベティ・ジョセフ，アンナ・フロイト，エディス・ジェイコブソン，マーガレット・マーラーら，一流の貢献をなした多くの女性分析家が見出される。

　私の思う理由を挙げると，個人心理療法は一対一の特定な関係であるが，近年の精神分析的なこころの発達理論および技法理論は，コンテイニングやホールディングといった概念を挙げるまでもなく，母親と乳幼児の関係性をそのモデルに置いている。その母親という立場を顕在的に潜在的に体験できるのは，女性である。また，女性のライフサイクルに生じる妊娠・出産や育児，親の介護といった経験が，この職業に有意義にフィードバックされる側面を持つ。その逆，職業経験の家庭生活への有意義なフィードバック，もまた真である。

　もうひとつは，社会経済的な視点から見ても，この職業は家庭での主婦や母親としての役割を担いながら働く女性の仕事として適していると思えるところである。フルタイムでもパートタイムでも働くことが可能であるし，子育てなどの女性の重要なライフサイクルの時期に合わせたフレキシ

ブルな働き方が選択できうる。

　しかしながら，この職業に付随する困難もある。年余にわたって実践される精神分析的心理療法と個人のライフイベント，たとえば結婚，妊娠・出産，育児，介護といった専念を要求するものとの折り合いの難しさである。

　それらの中の妊娠・出産・新生児の養育という，クライエント／患者との心理療法過程に必然的に発生する中間休止 caesura を直視し，精神分析的な視点から詳細に研究したのが，本書『心理療法における無意識的空想』の著者 若佐美奈子である。

　若佐はクライン派精神分析的心理療法を実践していく過程で，無意識的空想のもつ治療的意義を実感し，それが患者 - 治療者の相互作用，すなわち転移と逆転移として，面接場面に有意味に立ち現れると認識するに至った。その認識を深化させ著述した本書を通して，無意識的空想の理解と解釈こそが，精神分析的心理療法の核心であることを読者は新鮮に理解されるであろう。

　さらに若佐は，無意識的空想に基づいた患者 - セラピストの相互作用の現象が優れて認められるのが，セラピストの妊娠にまつわる身体的変化であり出産と育児のための治療の休止であることを，臨床経験の中でとらえたのである。

　若佐がとりわけ注目したのは，逆転移である。セラピストは妊娠による身体の変化や体内の胎児の存在の自覚ゆえに匿名性や中立性が損なわれ，アクティング・イン／エナクトメントを起こしやすい。病理としてとらえられやすいそれらの逆転移を総合的に俯瞰するだけでなく，若佐が探究したのは，その種の逆転移の治療的な有用性である。ここに彼女のクライン派精神分析的臨床家としての面目躍如たるところがある。

　その結果，本書は無意識的空想や転移／逆転移の理解に大きく寄与するのみならず，妊娠・出産というライフサイクルでの女性独自の重要な時期

が含蓄する治療的有意義性を提示するに至る，という画期的な貢献をなしたのである。

　若佐美奈子と私は，彼女の大阪大学大学院生時代に出会った。彼女は精神分析を自らのオリエンテーションとすることをすでに決意していた。その後，クライン派精神分析を習得することに励み，精神分析的心理療法の実践と訓練に打ち込んできた。私はその志を是とする。彼女は精神分析的心理療法家としての礎石を確実に築いて，改めて京都大学大学院に入学し，博士論文を完成させた。その豊饒な成果が，今，読者の手にある。これほどに臨床的な実力の下に作成され，論述も確かな臨床心理の博士論文は稀であることを私は断言できる。

　これまでに彼女なりの人生の困難は多々あったと推測するが，喪の仕事を交えながら，それらを生き抜いてきたことの証を彼女はここに示している。一般に，最初の著作が最良のものであることが多いと言われる。しかし，彼女の場合は異なるように私は予想している。これからの臨床体験と人生経験が彼女をさらに豊かにするに違いないからである。なぜなら，若佐美奈子は経験から学べる人だからである。本書を携えて，若佐美奈子は奔馬のように駆け抜けていくに違いない。

目　　次

心理療法における無意識的空想

セラピストの妊娠に焦点を当てて

序　章

問題提起と本書の構成

I　はじめに

　心理療法では，セラピストとクライエントという生きている人間が相対するからこそ，両者にさまざまな感情や感覚が生じ，その治療関係に特有の雰囲気が治療空間に醸成されていく。治療関係で生じるそうした感情や感覚，雰囲気は，治療過程を促進することもあれば阻害することもある。

　精神分析的心理療法は，治療関係に現れる転移と逆転移を基盤にして，クライエントのこころの在り様を理解し，援助する方法である。そこでは，両者に生じる感情や感覚についての体験的理解を積み上げることで，クライエントのこころの真実に迫っていくことが目指される。つまり，治療関係が穏やかで協力的であるから治療が成功しているとか，治療でクライエントが攻撃感情を露わにしているから失敗している，といった次元ではなく，クライエントが自らのこころを振り返るなかで，苦痛や恐怖を感じたとしても，クライエントがそれに圧倒されることなく，セラピストとともにそれを丹念に見つめ，考え，理解できるようになることにこころを砕く。そうして，とてつもない不幸を「ありきたりの不幸にし」（Freud, S., 1895d），クライエントが自分の人生を抱えて生きていく力を獲得できる

ように援助するのである。こころの大部分が無意識に占められると想定する精神分析の実践においては，このように，意識的な水準での両者の意見交換や話し合いの深層にある，非言語的で無意識的なこころの現れに注目し，こころの構造全体の変化を模索するのである。

さて，クライエントの無意識を理解するには，厳密な治療設定の中で生じてくる転移の現れ，すなわち無意識的空想（unconscious phantasy）の在り様を理解することが不可欠である。無意識的空想とは，クライエントが意識的に語る空想（白昼夢）や，充足を阻まれて抑圧された無意識的願望のことではない。それは，生まれて間もなくからずっと存在するこころの基本的活動のことを指しており，精神分析家の Issacs（1948／2003）は「本能の心的随伴物で，心的表象」と定義している。無意識に在り続けるこの無意識的空想というものは，人生で反復される，自身の世界観や対人関係の型紙のようなもので，治療場面においても，クライエントの歴史やパーソナリティ，症状を雄弁に物語る。例えばクライエントは，受容的で中立的なセラピストの前であっても，見捨てられる，馬鹿にされる，支配される，期待され過ぎているなどの空想を展開するものである。我々は皆，自分ではそれと意識しないままに，自分自身や他者，そして世界について空想を抱き，それを基本にして出来事を体験しているものであるが，例えばそれが非現実的なもので，現実とのかかわりにおいて修正されることなく，強固に維持されるなら，その人に苦痛をもたらす症状や心理的問題にもなり得る。

セラピストは，クライエントの無意識的空想を理解し，解釈を伝えることによって，クライエントの無意識の意識化を促す。クライエントは，そこでの情動体験を意識化することができれば，それを自己理解に生かすことができる。

こうした無意識的空想の探索のために，精神分析的心理療法では，伝統的に，厳格な治療設定や転移・逆転移の理解と解釈が必要不可欠であると

されている。セラピストは，それを妨害しないよう，自分自身の人生上の出来事や価値観などを自己開示しない「匿名性」や「中立性」という態度を守るよう努める。セラピストの個人的な価値観や意見を自己開示することが，クライエントの無意識的空想の展開を妨げてしまうからである。しかしながら，セラピストは生きている人間であるため，当然多くの出来事に出会う。突然の病気や自然災害の他，就職や結婚，妊娠，転職，離婚，近親者の死など，人生上の出来事が意図せずして治療に影響を及ぼす場合がある。セラピストは，自分自身のこのような人生の変化と，セラピストに求められる「匿名性」や「中立性」の重責に，どう折り合いをつけるのだろう。多くのセラピストが，自身の人生の転機や変化が治療に影響を及ぼす場面で，葛藤に苦しみ，苦渋の決断をしているのではなかろうか。

　私は臨床の仕事に就いた後，複数回の妊娠・出産をした。何人かのクライエントは，筆者の妊娠と出産によって生じる困難や問題を乗り越えていったが，そうでないクライエントもいた。妊娠したと伝えた途端，失神したクライエントもいたし，笑顔で「おめでとうございます。赤ちゃん，楽しみですね」と言った後，次から来談しなくなったクライエントもいた。「私は，こんなに苦しくて一人ぼっちなのに，先生だけ幸せになって。先生が憎い」という言葉を投げかけるクライエントもいた。

　私はとても申し訳ないと思った。

　なぜなら，私の仕事はクライエントのこころを深い次元で預かり，じっくりと時間をかけて一緒に考えることであり，妊娠・出産によって治療に携われない期間が生じること，さらには，彼らの内的対象を投影されるセラピストとして，匿名性を守ることができず，女性として，一人の人間として，現実を暴露してしまうことは，その約束を裏切ることを意味するからである。

　しかしながら，同時にもう1つの考えがこころに浮かんだ。

　セラピストは自分の人生を生きている人間でもある。自分の人生を十分

に生き，それに責任を持っていない人間に，人の生死にかかわることもある心理療法はできないのではないか。

　実際，私は，自分自身の妊娠・出産・子育てから，人の生について多くを学んだと思う。一つの命が母親の身体に宿り，誕生し，育っていく過程では，母親やその赤ん坊自身だけでなく，周りの家族のこころの中にも，多様な物語が紡がれていく。言うまでもなく，赤ん坊は，生下時から母親との関係性の中で，日々目まぐるしい心身の変化を経験し，成長を遂げる。そして母親も，赤ん坊と対峙する中で，命の尊さや，発達の歩みの力強さ，子どもの豊かな個性に身近に出会い，深い感動をおぼえる。一方，混とんとした不安の渦の中に沈んでいく感覚がしたり，赤ん坊の脆弱さやその表現の理解し難さに対して，これまでの価値観や理解の方法が全く通用せず，愕然としたりすることもある。さらには，自分の親との関係と現在の我が子との関係とがオーバーラップし，遠い彼方の記憶と否応なく直面することすらある。

　喜び，幸せ，憎しみ，不安，歯がゆさ，苛立ち，無力感。人が一人生まれ育つことが，こんなにも多様な情緒を生み出すものであること，一日一日を生きることが，こんなにも困難に満ちたものであることを，私は，乳児との非言語的な相互交流から学んだ。それは，きわめて生々しく原始的で，本能的なコミュニケーションであり，おそらく人間の基底にある何か，おそらく無意識的空想を巡る心理的・身体的現れであった。こうした体験は，私の臨床感覚や観察力を鋭くし，磨き上げる訓練であるようにも感じられた。

　セラピストが，妊娠・出産・子育てのなかで，このような母子間の原初の生の営みに，身体やこころを使って，ぶつかり，考え，悩み，失敗し，克服するといった体験を，単なる心理臨床実践上の弊害や困難，職業的ブランクとして良いものだろうか。妊娠したセラピストが，出産休暇に対する罪悪感や，社会的正当性を主張したくなる気持ちにとどまり続けるなら，

それはある種の甘えや逃避，言い訳となるのではなかろうか。セラピスト
の妊娠や出産が，クライエントにどのような影響を与えるのか，つまりク
ライエントにどのような空想をかきたて，どのようなプロセスを生み出す
のか，さらにセラピストはそうした影響をどのように受け止め考えるのか，
といった主題について，詳細にそして真摯に検討することが，専門家とし
ての責任ではないだろうか。

　このような問題意識を持って，私は，自身の臨床経験を省み，この事象
について考察することを試みた。本書は，そのようにして生まれた。

II　問題提起

　我が国は，女性臨床心理士が圧倒的に多いにもかかわらず，セラピス
トの妊娠が治療に与える影響に関する研究が，諸外国に比べて少ない。し
かし昨今，女性セラピストのライフサイクルやセクシャリティをめぐる問
題が心理臨床学の俎上に乗り始め，議論が盛んに行われている。たとえ
ば，事例研究（日下，2006；笠井，2009；山崎，2010；西坂，2013；若佐，
2013 他）や実証研究（白坂 2007；山口 2013 他）が増えている他，『臨床
心理学』誌では「女性心理療法家に今，必要なもの」が特集され（下山，
2003；平木，2003），2014 年の日本精神分析学会では「治療者のセクシャ
リティを考える〜特に女性であることについて」と題したセミナーが開か
れ，2015 年の『精神分析研究』にそこでの議論が改めて掲載された。そ
れらのなかで，女性セラピストのライフサイクル上の出来事，特に妊娠や
出産，子育てと，セラピストとしての臨床実践・研究への困難が共有され
ている。

　一方，人口動態調査（厚生労働省，2013）によると，全国の初産平均年
齢は 30.4 歳である。女性セラピストの初産年齢についてのデータを把握
することは困難であるが，この統計結果に基づけば，女性セラピストは，

大学院修士課程での訓練を修了して6年程度という短期間で自身の出産を迎えるということになる。もちろん，すべての女性セラピストが妊娠・出産を経験するわけではないが，臨床心理士の7割が女性であり，なおかつ20歳代および30歳代が半数以上を占めている（藤原2009；日本臨床心理士会2009）ことを考慮すると，セラピストの妊娠が心理療法に及ぼす影響をめぐるさまざまな問題は，臨床心理士社会にとっても，身近で重要な課題と言えよう。

　では，心理療法にさまざまな困難や混乱がもたらされるセラピストの妊娠・出産について，どのような点について考査する必要があるだろうか。筆者はそれが以下の二点に集約されると考える。

　第一の側面は，セラピストが自身の妊娠によって起きる困難を，セラピスト側の臨床実践・研究上の課題として捉え，セラピストのメンタルヘルスまたはセラピストアイデンティティの問題として検討するという姿勢である。こちらは既に，白坂（2007）や山口（2009a）によって，揺れ動くセラピストのこころの観点から描き出されている。そこでは，妊娠期のセラピストは身体的にも心理的にも弱さを感じやすいことや，セラピストとして振る舞うことの限界を感じたり，治療枠の崩壊を恐れたり，罪悪感を抱いたりしやすいことなどが述べられている。

　第二の側面は，クライエントがセラピストの妊娠という事象をどのように体験するのか，またそれによって治療プロセスがどのように変容していくのかを考えることである。この観点からは，クライエント側の無意識的体験に関する問題を考察することになるが，我が国では個々の事例研究で記述されるにとどまっている（原田，1999；日下，1999, 2002, 2006；笠井，2002, 2009；西坂，2013など）。そこでは，中立性の脅かしなどの技法上の問題，また出産休暇に伴う分離不安や見捨てられ不安など転移のテーマ，さらに逆転移の積極的利用についての検討がなされている。しかし，そこで強調されているのは，やはり「罪悪感」や「能力の低下」というセラピ

スト側の体験であった。上別府（1993）は系統立てられた研究を行い，クライエント27人のさまざまな反応と治療経過を記述した点で，他とは一線を画す。しかし，クライエントの反応をその「強さ」の程度，およびアクティング・アウトや身体化といった比較的客観的な反応で分類しており，セラピストとクライエントの無意識のダイナミクスに関する報告は十分になされていないように思われる。

　また，1990年代前後と現代とでは，セラピストやクライエント，そして女性をめぐる現実的な情勢は大きく変化している。女性セラピストの妊娠・出産とその後の職場復帰がさほど珍しいことではないという現代的状況を考慮した上で，私は，セラピストの妊娠が「患者の空想をひっかける釘」（上別府，1993）であるという視点を重視して研究を始めた。クライエントが元々内包していた問題や主題，世界観，すなわち無意識的空想が，セラピストの妊娠によってどのように促進または阻害され展開していくのかという視点からの臨床的検討・研究は，臨床実践にきわめて有用なものであり，この視点を現代的な研究として定位・発展させる必要性があるのではなかろうか。

　先にも述べたように，クライエントは自身にとって中核的な主題を示す無意識的空想を携えて心理療法を求め，セラピストのもとにやって来る。セラピストの実際の妊娠時以外でも，心理療法過程が深まるにつれ，「母親の胎内にいる赤ん坊」空想が出現し，陰性治療反応を起こしたり，大きな転機を迎えることがある。人のこころの深層には，胎内の赤ん坊，すなわち生まれようとしている新しい命に対する憧れや羨望，攻撃性，恐怖や畏怖の念など，さまざまな思いが眠っている。治療関係のなかで，クライエントが，生や性に関わる濃密な結びつき，創造性などを表すものに触れる体験をする時，クライエントのこころの中にある「赤ん坊」空想が動き出し，彼らの苦悩の在り様を明瞭に表現することがあるのかもしれない。

　しかしながら，本書で探究するのは，セラピストの実際の妊娠・出産に

　よって喚起されるクライエントの無意識的空想の展開についてである。女性セラピストの妊娠という事象は，非常に困難な事態を生み出すが，セラピストが妊娠・出産する時，セラピスト自身の心身の変化を丁寧に吟味することに加え，それによってクライエントの無意識的空想がどのように変容し，治療関係が呼応していくのか，その独特なダイナミクスを綿密に考察することは，精神分析的心理療法にとってのみならず，心理臨床学にとっても，重要な意義があるだろう。

Ⅲ　本書の目的と構成

　本研究の目的は，先に述べた第2の側面，すなわちクライエントの無意識的空想にセラピストの人生上の変化が及ぼす影響について，特に，セラピストの妊娠・出産の影響に焦点を当てて考察することである。

　そのための手続きとして，精神分析理論を基盤に考察を行い，仮説を生成していく（第1章，第2章）。次にクライン派精神分析理論の知見を用いて，無意識的空想の諸相をより詳らかにし（第3章），臨床事例を用いた実証研究を行い，上記の仮説の検討を深めていく（第4章，第5章）。最後にこれらを総括して，結論とする（終章）。

　第1章は「**無意識的空想と転移について**」と題して，無意識的空想や転移といった精神分析理論における重要な概念に関して先行研究をレビューし，定義や歴史的背景についてまとめた。それによって，本書において論じる「無意識的空想」や「転移」を明確に提示した。また，セラピスト側の要因がクライエントの無意識的空想に及ぼす影響について，すなわちセラピストとクライエントの性別や，セラピストのライフサイクルの影響，心理療法過程における偶然のハプニングに関する先行研究を概観した。

　つづいて第2章「**セラピストの妊娠に関連する先行研究**」では，調査研究，インタビュー研究，日本および海外の事例研究を概観した。日本にお

ける事例研究を網羅的に調べ，セラピストの妊娠前と妊娠を伝えた後の治療状況を比較検討した。そして，セラピストの妊娠以前の転移関係の在り様によって，セラピストの妊娠に対するクライエントの捉え方が異なっている点について論じた。

　第3章は，「**セラピストの妊娠をめぐる無意識的空想の諸相**」とし，精神分析学分野の研究，特にクライン派精神分析の知見に当たることによって，人々の無意識に眠っている妊娠・出産を巡る空想の諸相やその力動的な意味について考査した。Freud, S. および Klein, M. の記述から，子どもが母親の妊娠に衝撃を受ける様子を抽出し，子どもが母親の（妊娠した）身体について抱く空想の在り様についてまとめた。それらは Klein, M. が提示したフェミニン・フェイズという時期に特有の現象であった。さらに，Klein 派精神分析の概念を用いて，母親が父親とつがい，子どもを身ごもることに対して，子どもたちが描いている空想の諸相をまとめた。

　第4章では，「**事例研究（1）セラピストの妊娠とクライエントの無意識的空想をつなげる**」として，筆者が関わった2つの臨床事例を挙げて，クライエントの無意識的空想の展開について考察した。いずれのクライエントも，過去の体験が鮮やかに想起され，母子の依存関係と性的な空想に関する転移が活性化したことで大きく動揺したものの，出産休暇後の治療過程でこれらの空想を扱うことにより，これまで避けていた主題に取り組むことができた。筆者は，セラピストの妊娠・出産および出産休暇が，クライエントの無意識的空想とどのように関連づけられるかを正確に理解し解釈することはもちろん，セラピストに生じる逆転移を丁寧にモニタリングする重要性を示した。

　第5章では，「**事例研究（2）セラピストの妊娠を契機に変化した治療プロセス**」と題し，別の2事例について考察を行った。1つ目の事例は，クライエントが胎児に嫉妬をおぼえたことによって，感情表現や自己認知が大きく変化したことと，アクティング・アウトがアクティング・インへ

と変容した際，セラピストがクライエントに持った「子ども」イメージについて論じた。もう1つの事例は，妊娠したセラピストの体調不良によるキャンセルが，セラピストに罪悪感を生じさせ，それがクライエントの空想とつながって，膠着状態を招いたものである。第三の視点およびクライエントの病理の正確な理解が，そこを脱するのに役立った。

　終章は，「**妊娠したセラピストが心理療法を行うことの可能性と課題**」として，本研究の総括とした。考えられないもの（空想）を考えられるようにする，コンテイナーやアルファ機能をもった，人間としてのセラピストは，理論的理想である「匿名性」を目指し続けるものの，それが完遂できない点にこそ重要性がある。セラピストの妊娠は，肉体的にも精神的にも私的生活と臨床生活とを分別できない事態である。セラピストはその現実と限界を受け入れ，何をいつまで匿名化することが治療的か考えねばならない。また，セラピストの妊娠を治療に活かすための条件を4つ挙げて総括とした。さらに，Money-Kyrle（1971）が挙げた3つの「人生の事実」という観点から，心理療法場面における妊娠・出産という事象の意味について考査した。

第 1 章

無意識的空想と転移について

　本章では，「無意識的空想（unconscious phantasy）」および「転移
（transference）」について，その定義を示し，これらの概念が，どのよう
にして精神分析理論のなかで生成され，洗練されていったのかを提示する。

　これら 2 つの概念は，非常に重要な意味をもつがゆえに，異なる立場の
精神分析家が独自の見解を持つため，本章でそれらを網羅することはでき
ない。だが，現代において，無意識的空想や転移といった概念が，治療
場面やクライエントの内界を理解するためにどのように用いられているか
を，クライン派精神分析の視点からまとめることで，本書の問題意識をよ
り明確にしたいと思う。そして，本研究の主題である，セラピストの妊娠・
出産についてのクライエントの無意識的空想について考える足掛かりとし
たい。

I　無意識的空想および転移の定義と歴史的背景

1．無意識的空想の定義と歴史的背景

　無意識的空想という概念を導入したのは，精神分析の祖 Freud, S. だが，
当初の定義は曖昧であり，論文によって異なる意味を持たせて空想という

言葉を用いている。

　たとえば，初期の Freud, S. (1900a ／ 2011) は『夢解釈』で「無意識の願望（unconscious wish）」という言葉を用いており，「ヒステリー性空想，ならびに両性性に対するその関係」(Freud, S., 1908a ／ 2007) では，「無意識的空想には二通りのものがあり，はじめから無意識であって，無意識のうちに形成されたものであるか，あるいは，こちらのほうがより頻度が高いが，かつては意識的な空想ないしは白昼夢であって，その後意図的に忘却され，「抑圧」を通して無意識になったものかのいずれかである」と述べていた。後の『精神分析入門講義』(1916-17 ／ 2012) では，人間には系統発生的で普遍的な「原空想 primal phantasy」があるとし，その内容として「大人による誘惑，原光景，去勢の脅しに関する空想」を挙げるようになった。このような定義の変遷過程で，Freud, S. は「心的現実 (psychical reality)」を重視するようになっていった。

　しかしながら，Spillius (2001 ／ 2005) も指摘するように，Freud, S. は「空想を作り出す基本的な動機は，充足を阻まれた無意識的願望であり，空想は，この無意識的願望の偽装された形の表現かつ部分的な充足である」と考えていた。よって，Freud, S. にとっての空想と夢は，一次的無意識内容が偽装されたものだという点で共通していた。

　一方，Klein は，子どもの遊びの中に，無意識的空想についての豊かな表現，特に，誕生，死，原光景，自己や両親の身体的過程に関する表現を発見した結果，無意識的空想を理論の中心に据えるようになった。そうして，「無意識的空想こそが一次的無意識内容であり，夢はその内容を変形させたものである」という考えを発展させた (Spillius, 2001 ／ 2005)。これを受けて，Isaacs (1948 ／ 2003) は，「無意識的空想とは，本能を含む，身体的な衝動の心的な表象のことであり，生下時から連続的・普遍的に存在しており，すべての心的過程・心的活動の背後にあり，すべての心的活動に付随する」と定義したのである[注1]。

　Klein や Isaacs の「誰もが無意識的空想の連続した流れを持っており，正常か異常かは無意識的空想の有無ではなく，それがどう表現され，修正され，外的現実と関わるかに拠る」という考えは，Freud, S. の定義より幅が広く包括的である。

　さらに重要な理論的展開として，クライン派では，空想が外的現実の知覚に影響すると同時に，外的現実が空想に影響し，両者の間に継続的なやりとりがあると考えることが挙げられる。この想定，すなわち実際の外的な出来事が先行する空想の観点から解釈・理解・経験されること，空想が出来事の経験を考慮に入れて修正される可能性があると考えることが，大前提となっている（Spillius, 2001 ／ 2005）。すなわち，空想と外的現実のやりとりによって，空想がより洗練されたものへと修正されていくというモデルである。人は，こうしたやりとりの繰り返しによって，パーソナリティ全体を組織化していき，その人独自のあり方や世界との関わり方を作っていくのである。

　例えば，赤ん坊は，生まれた瞬間から何らかの荒削りで原始的な空想をもっている。Segal（1981）は，それを「空腹感と，飢えを満たそうとする本能的な渇望は，その空腹感を満たすことができる対象についての空想を伴っている」と表現している。つまり，満足感は，「理想的で良い乳房」，不快と欲求不満は，「迫害的で悪い乳房」という空想を伴っている。

　こうした前提をもとに，母子間の継続的なやりとりを想定してみる。

　慢性的に母乳の出の足りない母親に対して，乳児 A は「ママはおっぱいがたっぷりあるのに，自分のものにして，私に全然与えてくれない」と

注 1）　phantasy と fantasy：　Isaacs（1948）は無意識的な空想を phantasy，意識的な空想（いわゆる白昼夢）を fantasy と区別して定義したが，今日の英国の分析家は殆ど，患者の空想が意識的か無意識的かを区別するのが難しいという理由のため，どちらも ph の綴りを使っている（Spillius, et al., 2011）。なお，phantasy を「幻想」と訳す場合もあるが，筆者は，松木（2003）と同様，「幻想」では非現実感を強調するニュアンスがあり，phantasy という心的現実の重要性を損なう恐れがあると考えるので，「空想」と訳している。

いう空想を持ち，別の乳児 B は「私がママのおっぱいを吸い尽くして，空っ
ぽにしてしまったから，もうない」という空想を持つかもしれない。そう
した空想は，母親の次の対応によって，さらに展開していく。つまり母乳
の出なかった母親が，無表情で子どもに背を向け，行ってしまった時，乳
児 A は，「ママは私がママの分のおっぱいを欲しがったから，怒った。マ
マは私を憎んでいる」と思うかもしれないし，乳児 B は，「私がママを傷
つけて殺してしまった」と確信するかもしれない。そうではなくて，母乳
の出なかった母親が，情愛のある眼差しで人工乳を与えるなら，乳児 A は，
母親は怒っておらず，愛情を注いでくれるのだと安心し，積極的に人工乳
を飲もうとし，乳児 B は，母親は十分に強く，耐える力をもつのだと安
堵して，じっくり人工乳を味わえるかもしれない。

　もちろん，別の空想が生じる場合もある。子どもの生来的な能力や気
質，母親の精神状態や現実的な環境その他の組み合わせによって，そのバ
リエーションは無数に考えられる。

　このように，クライン派精神分析では，生得的に子どもが持っている
無意識的空想は，現実の出来事に出会うことによって，独自の修正が施さ
れていき，葛藤や成熟を経て，パーソナリティを形成していくと考える。
Bion（1962 ／ 1999）によると，これは，子どもが，母親との交流を通じて，
母親のこころという現実に自分の空想を照らし合わせる，つまりこころを
新陳代謝するように成長させていく過程である。

　こうした考えに基づく Klein のプレイアナリシスのあり方は，Freud, S. の
末娘 Freud, A. のそれとは著しく異なっていたので，1941 年から 45 年にか
けての大論争を巻き起こすこととなった。クライン派精神分析において，こ
の大論争を経て精緻化された無意識的空想は，非常に重要な概念であり，ク
ライン学派の専門用語や理論を解説した辞書 "The Dictionary of Kleinian
Thought"（Hinshelwood, 1989 ／ 2014）でも大きく取り上げられ，約 20
年後に新版として刊行された "The New Dictionary of Kleinian thought"

（Spillius ら 2011）では，第 1 部の最初の項を飾る重要概念として取り上げられている。

　この大論争以降，英国の精神分析界では，いわゆる淑女協定が結ばれ，自我心理学派，クライン派，中間学派がそれぞれの立場を尊重して存続することになったため，「空想」に関して，どの見方が正しいということは問われなくなり，それぞれがそれぞれの立場で理論を展開していくこととなった。

　しかし，ここで筆者は改めて，Freud, S.（1916-17 ／ 2012）が『精神分析入門講義』で「（原空想は）太古の人間家族の中で実際に起こったことであり，子どもたちは空想の中で個々の真実と有史前の真実との溝を埋めているに過ぎない」と述べていることに注目したい。この着想は，Spillius（2001 ／ 2005）も指摘するように，Klein の「子どもは，身体器官について生得的知識を持っている」という考えや，Bion の「（空想は）前概念，概念を形作るために経験と一致するのを待っている」という考えと，きわめて類似している。Freud, S. は，空想について，大部分の著作のなかでは個人が抑圧した無意識的な願望であると述べたものの，一部の著作で Klein や Bion が想定していた無意識的空想と同じように，生来的で普遍的な表象であることを認めているように見受けられる。

　さらに，Freud, S. と Klein がいずれも「母親の身体についての空想」に関する着想を持ったことは，非常に興味深い。Freud, S.（1918b ／ 2010）は，一歳半の「狼男」が，母親の子宮の中に留まって，父親から性交されるという空想を持っていたことを推測し，Klein（1932 ／ 1997）は，「フェミニン・フェイズ feminine phase」と名付けた発達段階で，男女児ともに母親の身体を所有したい気持ちが現れることを述べている。Freud, S. と Klein が論じた「母親の身体」に関する空想は，本書の主題にきわめて強く関連するものであるため，第 3 章で詳しく考察したいと思う。

2. 転移の定義と歴史的背景

そもそも転移とは，女性患者 Anna, O. が，治療中に治療者の Breuer に恋をするという「不適切な出来事」（Jones, 1953）をきっかけとしてその存在が認められ，強く戒められたものである。その頃の Freud, S. にとって転移は，治療における作業関係を情緒的な関係にしてしまう，分析の抵抗の一つの形態を表していた。

しかしながら，Freud, S. はその後，Dora の治療を考察するなかで，転移について，セラピストが中立性や匿名性を守るなかで必然的に現れ出てくる，クライエントのこころの中にある衝動や空想の表現であり，それがクライエントのこころの在り様を理解する重要な手がかりであると考えるようになった。すなわち，クライエント自身は意識していないものの，無意識にある空想や感情をいつの間にか治療関係に持ち込んでおり，そうした無意識下の感情や空想は，クライエントの口から語られるのではなく，セラピストに対する態度や行動などという形でセラピストに伝えられる，という意味を帯びるようになったのである。Freud, S. はそれを次のような一節で書き表している。

転移とは何か。それは，分析が進みゆくなかで呼び覚まされ意識化されることになる感情の蠢きかつ空想の，装いを新たにした再版本であり複製品である。しかもこの転移という領域に特徴的なのは，以前の人物が医者という人物によって代用されることである。別の言い方をすれば，一連の過去の心的体験全体が，過ぎ去った体験としてではなく，医者という人物との現在進行中の関係として息を吹き返すのである。

（Freud, S., 1905e ／ 2009『あるヒステリー分析の断片［ドーラ］』p.152）

また, Strachey, J.（1934）は，クライエントが，過去の外的対象ではなく，自身の衝動や内的世界の諸側面などの内的対象をセラピストの中に投影す

るが，クライエントは，まるでセラピストがそれらを実際に持っているか
のように振る舞うのである，と指摘した。そして，セラピストが，治療場
面での瞬間瞬間でのそれらの動きについて分析して解釈することが肝要で
あるとして，そうした解釈を「変容惹起解釈（mutative interpretation）」
と名付けた。これを，「転移外解釈（extra-transference interpretation）[注2]」
と区別し，変容惹起解釈こそがクライエントの心的変化を引き起こすと主
張した。

　クライエントは，自分がこころにとどめておけないものを，セラピスト
の中に投げ入れる。すなわち投影する。投影されるものは，クライエント
の衝動のみならず，自我の一部や思考能力，罪悪感など，実にさまざまで
あり，解読が難しい場合も往々にしてあるが，精神分析では，こうした投
影物を転移関係のなかで理解していき，治療に生かすことを重視するよう
になっていった。

　Klein（1952b ／ 1985）は，転移について次のように述べている。

　　転移は，最早期段階において対象関係を決定づけていたのと同じ過程の中
　で生まれる，と私は考えている。それゆえ，愛すべき対象と憎むべき対象と
　の間で，外的対象と内的対象との間でゆれ動くこと，すなわち，早期幼児期
　を支配しているこの動揺の分析へと，われわれは何度も何度も遡らねばなら
　ない。愛情と憎悪との間の早期の相互作用を探究し，そして，攻撃性，不安，
　罪悪感，増大する攻撃性の悪循環を，これらの葛藤している情緒と不安とが
　方向づけられている，対象の多様な側面と共に探究しさえすれば，われわれ
　は陽性転移と陰性転移との間の相互連関を十分に認めることが出来るであろ
　う。（Klein, M., 1952b ／ 1985「転移の起源」）

注2）　転移外解釈：治療者との間ではなく，治療関係外の他の人物（職場の上司や同僚，
友人など）と患者との関係について，その無意識的な意味について与える，やや説明的
な解釈。転移解釈に比べ，切迫性に欠け，危険な場合が多い，と Strachey は主張した。

　すなわち，精神分析的心理療法の仕事は，転移状況で反復される早期幼児期からの激しい心理的揺れ動きを理解し，その良い－悪い，愛－憎，外－内，といった揺れ動きに関連する，クライエントの情緒や不安を分析することにある。Klein は，早期幼児期の子どもたちのこころの中に，酷い苦痛と不安があることを経験上理解していたため，深い次元の不安を理解すること，つまり，陰性転移のワークスルーをより重視した。

　Klein の「転移」概念における貢献として，理論的に重要なものの一つに，「分裂 splitting」の理解をもたらしたことが挙げられる。Klein（1952b／ 1985）が「患者は，自分を良いまたは悪い人物にしておくために，分析家との関係を分裂させようとする。患者は，分析家に対する感情や態度を，現在の生活の他の人々の上に逸らしてしまう。これはアクティング・アウトの部分である」と述べるように，クライエントは，自分自身の世界観や無意識的空想を，治療関係の中に持ち込むため，暗黙の裡に，セラピストを分裂させてしまう。先に述べた，良い－悪い，愛－憎，外－内，といった揺れ動きや葛藤の分析は，それに先んじて，分裂に基づくアクティング・アウトのワークスルーがなされる必要がある。こうした考えは，後に，Meltzer（1967／ 2010）が，治療初期に想定されるべき段階を「転移の収集（gathering of the transference）」と名付け，治療論に結実している。セラピストは，この「転移の収集」の段階で，クライエントによって分散された要素を治療空間の中に収集していく。クライン派精神分析では，隠されている転移関係に注目し，それらがエナクトメント（実演）された時，クライエントがそれらを自己理解に用いることができるように援助するという治療姿勢がスタンダードになっている。

　さて，Klein（1952b）は，「転移の詳細を解明するには，情緒，防衛，対象関係に関して考察することはもちろん，過去から現在に転移されている全体状況に関して考察することが，不可欠である」とも述べている。Klein は，クライエントの苦しみが，単に過去に由来しているのではなく，

今，現在に由来しているという力強さを感じ取っていた。それゆえ，転移は，これまでの単なる「反復」以上の意味を伴う「エナクトメント」という概念を用いて考えられるようになった。

　このような転移の理解は，「逆転移（countertransference）」の体験や理解と対になることで治療に生かされるのだが，1950 年まで，逆転移はセラピストの個人的な問題や欲望および衝動であり，制御される必要がある，と戒められていた。

　しかし，そうした逆転移の利用も含め，転移過程と思考の生成過程を関連づけて論じ，転移概念を洗練させたのは Bion である。Bion（1962, 1963／ 1999）は，クライエントが，自分自身の未発達の思考をこころに保持する（コンテイン contain する）ことができず，それらを治療場面に排出（投影）すると考えた。セラピストが，その投影物を，赤ん坊を思う母親のように，どのようなものかと夢想（reverie）し，コンテインするならば，その真実を現実として理解できることを描き出した。これは β 要素から α 要素への変形として体系的に記述され，その母親の機能は「アルファ機能」と名付けられた。こうした交流は，言語的で意識的というよりも，視覚要素が強く，物語性がある類のもので，「夢思考・夢・神話」水準の思考である。それは，苦痛で泣き叫ぶ乳児が，母親に「お腹がすいているのかな」「おむつが濡れて気持ち悪いのかな」と声をかけられて，耐えられないくらいの生々しい情緒や感覚の衝撃に形をつけてもらったり理解してもらったりする状況に似ている。乳児は，そのような体験をくり返すことで，母親のアルファ機能を取り入れ，徐々に自分の体験の意味を情緒的に理解し，自らで抱えられるようになる。Bion の貢献により，セラピストが夢想し，コンテインすること，つまりセラピストが情緒的に巻き込まれるという過程が視野に入れられるようになった。つまり，逆転移が治療のダイナミクスにおける重要な要素の一つであるという考えである。

　さらに，転移概念の拡大を推し進めたのは，Joseph である。先に述べ

たように，Klein は転移における「全体状況（total situation）」に注目していた。全体状況とは，具体的には，治療中のクライエントの日常生活報告などが，クライエントが分析状況の中で喚起された無意識的な不安の様相を理解する手がかりとなることを表す。Joseph（1985, 1989）は，転移状況でのクライエントの非言語的要素こそが，転移関係の本質であると述べ，クライエントがセラピストのエナクトメントを突く（nodge）様子を例示した。つまり，非言語的で原初的な水準において，転移が逆転移を突き動かしている，非常に微細なコミュニケーションがある，ということを示したのである。

　今日のクライン派では，転移は，「ただ患者が分析者をあたかも自分の本当の母親や父親として扱うということではなくて，患者の親の像が乳児期から作り上げられ内在化されていて，そうした親の像やむしろそのある側面とそれらの内的対象が治療の中で分析者（さらには外的世界の他の対象）に結び付けられる」（Joseph, 2001 ／ 2005）現象として理解されている。すなわち，転移はクライエントの過去からのみ生じているのではなく，クライエントの現在の内的世界——それは，クライエントの生来的な空想や衝動と，外的現実との関わりあいから作られている——からも生じているのである。Joseph は，転移と逆転移の密接な関連を治療に生かせるように，逆転移の利用を重視した。

3. 転移現象としての無意識的空想の現れとその扱い
―逆転移の利用―

　無意識的空想と転移は治療場面でどのように現れ，そしてセラピストはそれにどのように関わっていくのだろうか。Isaacs（1948 ／ 2003）は，次のように述べている。

　　患者のこころのなかで見たり感じたりしているものとしての分析家のパー

ソナリティや，態度，意図，また外見の特徴や性別までもが，患者の内的世
界の変化に伴って，日ごとに（さらには瞬間ごとに）変化していく（その変
化が分析家の発言によるものでも，分析外の出来事によるものであっても，
同じである）。すなわち，患者の分析家に対する関係は，ほとんど全てがある
種の無意識的空想であるということである。子どもであれ大人であれ，病気
であれ健康であれ，あらゆる患者において，「転移」という現象そのものが，
空想が存在しまた活動していることの一つの立派な証拠となる。またそれだ
けでなく，転移の些細な変化からある状況で作動している空想の特徴を解読
することができるし，空想が他の精神過程へ及ぼしている影響を理解するこ
ともできる。このことから「転移」は，患者の早期の生育史を発見したり再
構成するための主たる手段であるのみならず，患者のこころの中に起こって
いることを知るための主要な手段なのである。

　（Isaccs, 1948 ／ 2003「空想の性質と機能」p.116)

　この考えに従うと，面接室での転移の展開は，クライエントのもっている
無意識的空想の外在化およびエナクトメント（実演）であると言える。
　無意識的空想は，心理学的領域と生物学的領域の境界，心と身体の境目
に属し，意識にはのぼらず，象徴化されない限りは，非象徴的，非言語的
なままに留まる。しかし，本章Ⅰ1で乳児Aや乳児Bと，母乳の出の足
りない母親の例で述べたように，子どもは，自分の空想を外的現実と照ら
し合わせて，修正していくことで，空想を洗練させていき，こころを成長
させていく。
　これを，心理療法場面でセラピストとクライエントの関係で起こること
として考えると，どうなるだろうか。
　心理療法場面で，クライエントがさまざまな過去や現在の出来事の話，
今ここでの感情などを語る（あるいは語らない）なかで，クライエントの
無意識的空想の在り様がだんだんと明らかになっていく。それがセラピス

トのこころのなかで，コンテインされ，理解されていき，その理解が解釈
としてクライエントに与えられる。ここまでの過程だけでも，非常に困難
で複雑な心的作業を伴う。しかし，そのやりとりが繰り返されることによっ
て，非象徴的・非言語的だったクライエントの無意識的空想は，意味を持
ち，象徴化されることが起こり得るだろう。つまり，クライエントの無意
識的空想は修正されたり展開したりする。例えば，知らず知らずのうちに
セラピストに投影していた，過酷で支配的な父親像や，脆弱で自分を頼り
にしないと生きていけないような母親像，はたまた，一つの全体像として
すらまとまらない，何か迫害的なものに圧倒されている感覚。そうしたも
のが，セラピストの度重なる，言語的・非言語的なコンテインと理解，そ
れに基づく解釈がなされることで，クライエントのこころの中で，それと
して理解され，体験され，考えられるようになる。そしてそういった心的
活動を行う心理的な装置が，徐々にクライエントのこころに育まれ，ここ
ろは成長を遂げる。

　このように見ていくと，無意識的空想の展開は精神分析的治療の進展に
欠かせない。したがって，クライエントの無意識的空想が転移として表現
されるべく，分析的な設定を作り，維持していくのは，セラピストにとっ
て非常に重要な仕事である。

　しかし，このような仕事は，筆舌し難い困難を伴うものである。クライ
エントからの大規模で強烈な投影があると，セラピストの情動がかき乱さ
れたり，考える能力が機能不全に陥ったりし，そのようにして転移された
全体状況の理解を妨げる場合もある。または，その転移が実に微妙にセラ
ピストを動かす種のもので，セラピストがそれに気づかないまま，知らず
知らずのうちにエナクトメントおよびアクティング・アウトしている場合も
ある。

　そこで，逆転移について，その定義と心理療法における意義を整理して
おきたい。

　転移と同じく逆転移も，当初は，精神分析の進行を妨げるものとされていた。逆転移は，セラピスト自身の未解決な衝動や欲動，すなわち病理的な憎しみや恐れ，愛着などの現れであるため，できる限りそれを統制することが求められたのである。しかしながら，1950 年代に，逆転移が分析過程の理解に貢献する側面があることを主張する分析家が増え始めた（Winnicott, 1949 ／ 2005；Heimann, 1950 ／ 2003；Money-Kyrle, 1956 ／ 2000；Grinberg, 1962 ／ 2003）。

　その先鞭をつけたのは，Winnicott（1949 ／ 2005）の「逆転移の中の憎しみ」という論文である。Winnicott は，この論文のなかで，分析家が精神病者に対してもつ憎しみについて述べている。そして，セラピストがクライエントをどんなに大切に思っていても，クライエントを憎んだり恐れたりすることは避けられない，と主張した。もちろん，それは単純に，セラピストが，自分自身の問題を野放しにして，クライエントに憎しみを持ってよいということではない。Winnicott は，セラピストは自分自身がクライエントに感じた憎しみを否認してはならず，自覚し，整理し，保持し続け，いつか行う解釈の材料として使えるようにしなくてはいけない，と提言した。

　また，Money-Kyrle（1956 ／ 2000）は，セラピストがクライエントに対して，償いの感情や，親として世話したい思いなどの気持ちをもつことを「正常な逆転移」と呼び，セラピストの共感の基礎として考えていた。Winnicott も Money-Kyrle も，分析家自身が人間的な憎しみや優しさを持っているのは当然のことであり，むしろそれらを人工的にないかのように振る舞うことの不自然である点を強調している。

　こうして，逆転移のさまざまな可能性や側面が議論されるようになり，Freud, S. の主張する「空白のスクリーン」は理論的にも実践的にも不可能なものと見なされるようになった。Heimann（1950 ／ 2003）が「一方において感情が存在し，他方すなわち分析家においてそれが存在しない，

というようなものではない」としたように，治療関係における相互交流を
重視する傾向が強くなっていった。

　Heimann（1950 ／ 2003）の「私の主張は，分析状況内における分析者
の情動的反応は，分析者のための最も重要な道具の一つに相当するという
ことである。分析者の逆転移は，患者の無意識の探求道具である」という
提言は，革新的であった。その結果，逆転移の利用について慎重な姿勢を
保った Klein と袂を分かつことになったのだが，この後，クライン派は，
Heimann の姿勢を踏襲していくこととなる。つまり，分析治療設定にお
いてセラピストのこころに浮かんでくる感情すべてを逆転移とする，とい
う理解が定着していった。

　Grinberg（1962 ／ 2003）は，クライエントが投影している何らかの内的
な対象に対応して，セラピスト自身がそれをいつの間にか実演してしまっ
ている状態を「投影−逆−同一化（projective counter-identification）」と呼び，
同じく Sandler（1976）も，セラピストの「役割対応（role-responsiveness）」
と呼んでいる。例えば，セラピストを支配的で懲罰的な人物として感じ，
常に委縮してこびへつらっているクライエントに対して，セラピストがつ
いつい苛々したり，クライエントを軽んじて見てしまったりする現象であ
る。これらの概念によって，私たちは，セラピストに投影された感情と，
セラピスト自身の感情とを識別することの困難さとその重要性について考
えさせられる。

　また Segal（1977 ／ 1988）は，「患者は，歪んだ見方で分析家を知覚し，
この歪んだ見方で反応し，これらの反応を分析家に伝達するだけでなく，
分析家の心に多大な影響を与え，分析家に作用するやり方で分析家のなか
に投影する」と述べ，単純に，クライエントがセラピストに多種多様な情
緒や感覚を投影するだけでなく，「投影同一化」として，セラピストに影
響を与えること，さまざまな感情を喚起することを記述している。

　こうした議論は，逆転移の内容を理解することによって，セラピストが

アクティング・アウトしたりクライエントのもちこむ関係性を反復したり
してしまう事態を回避することの重要性を含んでいる。人のこころが単独
で存在するのではなく，他者との関係性のなかで生きているという視点で
あり，自我心理学のそれとは異なっている。

　先に触れたが，Bion（1962 ／ 1999）は，「患者が分析関係の中に何を持
ち込んだとしても分析者が耐えて，包容できること」として「コンテイン
メント（containment）」という重要な概念を提示した。クライエントが
耐えがたい思いや感覚をセラピストに投げ込むのは，正常なコミュニケー
ションの一つであると提示し，早期母子関係をモデルとしたのである。す
なわち，赤ん坊が泣いている時，その苦痛を感じ取った母親が，自分のこ
ころのなかで，何が問題であり，それがどういう対処を必要としているも
のなのか理解し，それを明確にしていく時，その関わりを通して赤ん坊は，
母親によって緩和された形となった苦痛を受け入れることができる。その
繰り返しを続けられれば，赤ん坊は，母親の心的作業を取り入れ，内在化
させ，成長する。

　現代クライン派を牽引する Joseph（2001 ／ 2005）は，「転移されるものは，
患者と分析者の間の関係性を色づけ，微妙な形にせよ明らかな形にせよ，
たえず分析者にある役割を実演するように圧力を掛けている。この関係性
すなわち転移／逆転移を詳しく理解することが，精神分析技法の中心であ
るとし，セラピストの仕事を「自制する・身をかわすという意味でただ逆
転移を「抑制する」ばかりでなく，それの実状を確かめておくこと，つま
り自分自身の中に喚起されるものを監視し，それがどこから来るものかを
位置づけることにある」としている。このように，クライエントの無意識
的空想や，転移の全体状況を把握するためには，逆転移の理解とワークス
ルーが必要不可欠である。

　おそらく，精神分析的心理療法にとって理想的な環境は，クライエント
が元々持っている無意識的空想が，セラピストによって提供される精神分

析的枠組みの中で自然に展開していくことだろう。さらに，現代のクライン派精神分析において，クライエントの無意識的空想は，それ単独で展開するのではなく，治療関係の相互性のなかで新陳代謝していくという考えが重視されている。つまり，クライエントの転移だけではなく，逆転移を含めた全体状況を理解することが，治療的に意義があると考えられている。

Ⅱ　セラピストがクライエントの無意識的空想に及ぼす影響

　セラピストの人生上の出来事が，心理療法に影響を及ぼすことは珍しくない。そして，その受け止め方は，クライエントがこれまで生きてきた歴史によって異なっており，クライエントの本来持っている心理的問題に深く関わっている（Dewald & Schwartz, 1993）。

　本節では，セラピストのライフサイクル上の人生上不可避な出来事や性別などの要因が，心理療法過程，特にクライエントの無意識的空想や転移状況にどのような影響を及ぼすかについての研究をレビューし，これらの影響をどのように治療的に扱うことができるかを検討する。

1．性別

　心理療法を求めるクライエントから，セラピストの性別の指定をされる場合がある。例えば，性被害に遭った女性が，閉鎖された空間に男性セラピストと居るだけで苦痛と恐怖を感じるため，女性セラピストを希望する時がある。また，いつも女性上司との関係で躓くので，男性のセラピストを希望するというクライエントもいれば，逆に話す練習のために女性のセラピストを希望する，というクライエントもいる。こうした申し出は，クライエントが安心して心理療法に取り組めるように，考慮されるべき場合もあれば，クライエントがセラピストの性別をどのように感じ，その性にどのような空想をもって心理療法に臨んでいるか自体が，クライエントの

心理的問題を指し示すこともある。成田（1993）が，「男性（女性）治療
者と女性（男性）クライエントの間に生じる問題が，必ずしもすべて洞察
や技術的修練によって解消できるものではない」と指摘しているように，
セラピストとクライエント各々の持つ属性が，意識的かつ無意識的に治療
過程に影響していることは否定できない。

　上別府（1999）は，「治療者の性別が，患者にとって特別な意味をもったり，
患者の抵抗や転移に利用されることは少なくない」と述べ，セラピストと
クライエントが異性同士の場合は，転移性恋愛が起こりやすいこと，そし
て女性セラピストの場合，転移性恋愛と母親転移が非常にしばしば結合し
ていることを主張した。馬場（1996）も「女性治療者は，男性以上に母親
をめぐる葛藤の重要さに気づかされる立場にある」として，男性セラピス
トに比して，女性セラピストには，母親転移が起こりやすいことを指摘し
た。一般的に，女性に母親転移，男性に父親転移がはたらきやすいとも言
われており，同性同士と異性同士の治療で，それぞれ特有の状況が生まれ
やすいことは，多くのセラピストの同意を得られることだろう。

　また，Bernstein & Warner（1984）や Ruderman（1986）は，女性ク
ライエント・女性セラピストの組み合わせにおいて，セラピストはクライ
エントからの競争や嫉妬に防衛的に反応し，「エディパル」な母親として
見られることに抵抗する傾向があると指摘している。そのためクライエン
トに同一化しすぎたり（Bigras, 1990），過保護になったり（Moldawsky,
1986）することが議論されている。さらに Meyers（1986）は，女性ク
ライエントと女性セラピストは共謀して理想化された「良い」母親転移を作
り上げるという落とし穴があると警告した。

　しかし，このように，セラピストの性別がクライエントの空想を刺激
し，ある転移を起こしやすくするのは，セラピストの外見の影響だけでは
なく，セラピストの性のこころ（無意識）のあり方が，否応なく，クライ
エントの無意識の性のこころのあり方と呼応するからでもあるだろう。こ

れらをコントロールするのは非常に難しいが，セラピストが，セラピスト
自身の性に対する自己分析と，臨床的な経験を重ねて相対的に理解するこ
とによって，それらの問題を，クライエントのこころを理解することに生
かすことができるだろう。

2. ライフサイクル

　性別と同様，セラピストのライフサイクル上の変化や問題も，心理療法
に影響を与えていることは疑いの余地がない。

　Guy（1987）は，セラピストは，治療関係の中で中立性と匿名性を保と
うとするが，結婚，妊娠，親になること，引越し，配偶者の死，個人的な
病気や事故，加齢，退職などによって，私的にも公的にも，大きなインパ
クトを受けると述べている。Guy, Stark, & Poelstra（1987）が行った米
国内の調査によると，75%のセラピストが，過去3年間に1つまたはそれ
以上，上記のエピソードに遭遇している。

　Sherby（2013）は，10カ月前に夫を亡くした精神分析家が，6カ月前
に夫を亡くしたクライエントの治療を引き受けた際，セラピストとクライ
エントがもつ多くの共通点を見出しながらも，分析的態度を厳守すること
によって，クライエント自身の喪の作業を援助した事例を報告した。その
セラピストの姿勢は，クライエントへの同一化や安易な共感に走らず，ク
ライエント自身の歩む治療過程に忠実に従いながらも，セラピストのここ
ろの奥底にはクライエントと同種の痛みと悲しみと嘆きが満ちているもの
であった。この種の治療がセラピストにとって，非常に困難であることは
想像にかたくない。

　Dewald & Schwartz（1993）は，分析家のライフサイクル全般（妊娠
を除く，病気や障がいなど）が治療に影響を及ぼすことについて，Strean
（2002）は，病気になったセラピストの逆転移反応のインパクトの大きさ
を記述している。Crastnopol（1997）は，セラピストが障がいをもつ子ど

もを育てていることに関する，クライエントの空想について論じている。

　このように，セラピストは，ライフサイクル上不変の日々を送っているわけではない。心理療法という長期にわたる営みのなかで，セラピストやその家族の特別な出来事に出会うことは，常に想定されるものである。そうしたなかで，セラピストは，いかにしてクライエントに安定した治療を提供し続けることができるのだろうか。

　上別府（1999）は，セラピストは「教育分析によるばかりでなく，恋愛，結婚，妊娠，出産，育児，子どもの思春期，親の死，子どもの自立，配偶者との離別や死別，身体の衰えや大病など，ライフサイクルの各ステージにおける体験を通じて，アイデンティティを確認し，人格の幅を広げていく機会をもっている」と述べている。セラピストが人生上の出来事に向き合うことで，セラピストとしての技能も高まることを意味していると言えるだろう。馬場（1996）は，自身の半生を振り返って，女性が「皮膚感覚的」に母性を体験すること，出産という生命を産み出す身体的精神的体験は，相当な訓練を伴うならば，十分に心理療法に生かすことができると強調している。このように，人生上の変化を肯定的に捉え，より積極的に心理療法に生かすようにという提案もある。

　高石（2003）は，「妊娠，出産，育児と続く女性の人生の時期は，他の職業の場合と同様，キャリア上の“ブランク”として扱われるか，せいぜい両立の難しさという次元でしか語られてこなかった」と述べた上で，「治療者が娘から“母”という異なる実存に変化することは，大なり小なりその関係性に影響を及ぼす」とした。例えば，授乳中の「治療者の胸は，乳児のリズムに合わせて張り，乳がからだの奥の方からみなぎってくる。一体感の境地を求める患者には，このずれは間違いなく無意識にせよ察知される」と述べ，セラピストの無意識的・身体的・実存的な変化とその影響にも注目している。

　セラピストが親になることが心理療法に及ぼす影響について，男性セラ

ピストが事例を提示し考察することは非常に珍しい。Waugaman（1991）は，第2子出産予定日の1カ月前，理由を告げずに1週間休暇を取ると複数のクライエントに伝えたところ，ほとんどのクライエントが，それがセラピストの妻の出産によるものであると気づいたと報告している。そして，男性クライエントに比べ，女性クライエントの方が強い反応を起こす傾向があり，ある女性クライエントは，妊娠したものの中絶し，治療をやめたと述べている。福本（2013）の女性クライエントの事例でも，妻の出産の時期に，そうとは伝えずに1週間休むつもりだと予告した時，クライエントは正確に出産に関連する休みだと推測した。そしてクライエントは，以前交際していた男性と関係を持つことで，セラピストを締め出し，欲求不満に陥れるように動いた。福本は，腹部が一杯だったり空だったりするというクライエントの訴えを，Breuer との治療中に Anna, O. が起こした想像妊娠と結び付けて考察した。大野（1983）は，男性セラピストの新婚旅行休みによって，状態が悪化したクライエントの事例を提示した。そして，新婚旅行などによるセラピストの休みは，「患者の空想をかきたてやすいので，それを見逃さないようにする」必要性を強調している。男性セラピストによる，自身の結婚や自身の子どもの誕生が心理療法に及ぼす影響に関する研究は，女性セラピストに比して圧倒的に少ないが，セラピストとクライエントの間に，無意識的な交流が常にあると想定するならば，セラピストが匿名性を守り，特別な自己開示をしなかったとしても，セラピストのライフサイクル上の変化や問題は，自ずと意識的・無意識的にクライエントに伝わると考えるのは自然である。

　にもかかわらず，セラピストは，「匿名性」を守っていると信じて，何もなかったかのように振る舞うことが多いようである。それは，セラピスト自身にとって未消化な体験であるためかもしれない。だが，セラピストが人生で大きな体験をした時に，それがセラピストのパーソナリティ全体を揺り動かすのであれば，それが心理療法に影響を及ぼさないはずがない

だろう。その変化を含めて心理療法は動いていくものであり，その変化を恐れず，セラピストが真摯に対応し，クライエントとともに治療の危機を乗り越えていくことが，いかに重要であるかを先行研究は物語っているように思われる。

3. 偶然のハプニング・面接中の出来事

　心理療法中には，実に多様なハプニングが起きるものである。セラピストが意図した場合もあれば，そうでない場合もあるが，いずれのハプニングも，クライエントに影響を与えることは避けられない。

　たとえば，Ratman は分析中，Freud, S. の自宅の階段で，若い女性に遭遇したことをきっかけに，Freud, S. がこんなに自分に親切なのは，自分の娘と結婚してほしいからなのだ，という空想を膨らませた（Freud, S., 1909d）。

　Weiss（1975）は，電話が鳴る，道路や隣から騒音が聞こえる，セラピストとクライエントが面接室外で偶然出会う，セラピストがやむなく遅刻したり欠席したりするなど，分析状況に出現し侵入する出来事を「特別な出来事（special events）」と呼び，それが，転移に及ぼす衝撃について論じた。Weiss は次のようなケースヴィネットを提示している。彼のクライエントが，ベルベットのローブを着て，金色の王冠をかぶった大きな王様のイメージを表現した時，分析家は，ふと，このクライエントが待合室で前のクライエントを見たのではないか，と思い指摘した。すると，クライエントは確かに，前のクライエントの，躁状態を示す仰々しさや恩着せがましさ，銀色の杖を見て，それが自身の父親の無意識的なイメージと重なって劇的に面接場面に現れたと話した。また Weiss は，別の事例の女性クライエントが，エレベーターから降りた時に偶然，分析家が郵便を受け取り，同僚と話しているところを見かけたというヴィネットも提示している。彼女は，分析家にその事実を解釈されると，若い頃，ある医師に口づけされ，

「私の患者の中で一番かわいい」といつも言われていたことを思い出した。その医師のオフィスのエレベーターが，分析家のオフィスのそれに似ていることを想起した結果，クライエントは分析家に誘惑される不安の存在に気づいた。Weiss は，通常，クライエントはこうした出来事を連想の邪魔だと考えて，直接言及することが少ないが，セラピストが，「特別な出来事」を十分に分析すればクライエントの転移空想を理解する鍵を手に入れるだろう，と述べている。

　セラピスト側の要因が引き起こす出来事の中で，もっともよく起きるのは，セラピストの休暇かもしれない。大野（1983）が示すように，休みには，「治療者が事前に予告することのできる休み」と「治療者の思わぬ病気による休みなど偶発的なもの」があるが，そのどちらもがクライエントの内的な反応を引き起こす。セラピスト・クライエント双方が認めうる休みと偶発的な休みとでは，クライエントの心的リアリティにおよぼす影響が異なる点には注意しなくてはならない。そして，病態水準の重いクライエントは，休みを「分離」ではなく「対象喪失」と体験し，病的な防衛機制を用いる反応をしやすいこと，さらに治療初期に休みをとる場合は，治療同盟ができあがっていないために，セラピスト自身が休みを伝えることに不安があり，一方的な伝え方になりがちだと指摘した。

　先のライフサイクルの項と重複するが，大野は，セラピストの新婚旅行による休みで状態が悪化したクライエントの事例を報告し，新婚旅行など，特別な意味合いのある休みは患者の空想をかきたてやすいので，それを見逃さないよう忠告している。男性セラピスト，女性セラピスト問わず，セラピストが結婚指輪を付け始めると，クライエントが大きく動揺するという事象は，珍しいことではない。セラピストが自己開示をしなくても，通常とは異なる時期の休みや外見の変化など，多種多様な要素がクライエントの空想をかきたてるという自覚が，セラピストには必要であろう。

　一方，Rhoads & Rhoads（1995）は，セラピストとクライエントが規則

正しく頻繁に会うことなしに分析的治療は維持できないと断った上で，治療の休止や休暇が否定的にみられることが多いなかで，それらがもたらす恩恵があることも強調した。休暇，車の故障，病気，求職，転居などがきっかけとなった治療の中断は，クライエントの防衛によるものもある。しかし，通常の計画された休暇であれば，分析の段階次第で，恩恵を生み出す潜在性を秘めていると主張している。つまり，こうした休止は，クライエントとセラピスト両者にとって「一歩後退」し，強く巻き込まれない有利な立場で状況をみつめるチャンスとなりえ，特にクライエントには，物事を統合するための時間を与えるというのである。

　セラピストは，安定した治療環境をクライエントに提供するよう努力するのはもちろんのこと，このように，面接中に，偶然または予期できる状況で起きる出来事に対して，それらを否認したり無視したりするのではなく，クライエントがそうした出来事を自身のこころの理解に有益に利用できるよう，援助することが求められる。そのためには，これらの出来事がクライエントの無意識の何を刺激したのか，どのように感じさせたのかを，丁寧に読み取っていくだけではなく，セラピスト自身が，この出来事に関してどのような感情を持っているのかについて，誠実かつ専門的に見つめ考える必要もある。

　ここまで述べてきたライフイベントの中でもとりわけセラピストの妊娠や出産は，クライエントの無意識的空想をどのように刺激する傾向があるのだろうか，この特殊な状況で，どんな問題が起こりやすくなるのだろうか。次章では，その先行研究をレビューするなかで課題を発見し，新たな論点提示する。

第2章

セラピストの妊娠に関連する先行研究

　本章では，セラピストの妊娠という事象が，心理療法に及ぼす影響に関する国内外の先行研究を見渡してゆく。その際，クライエントの無意識的空想やその展開，セラピスト－クライエント間の関係性の変化に焦点をあてて整理する。

I　セラピストの妊娠に関する調査研究・インタビュー研究

　2015年11月16日，国立情報学研究所の論文検索サイトCiNiiにて検索したところ，「セラピスト　妊娠」で11件，「カウンセラー　妊娠」で18件，「心理臨床家　妊娠」で3件，「臨床心理士　妊娠」で4件の論文が検出された。そのうち，セラピストの妊娠が心理療法に及ぼす影響について述べた論文を抽出し，重複したものを除き，上別府（1993）の未公刊の博士論文を追加すると，22件であった。これらを研究の種類別にまとめた。

　海外の文献については，同日Psychoanalytic Electronic Publishing（PEP）を用いて論文タイトルの検索をしたところ，「analyst pregnancy」で16件，「therapist pregnancy」で10件，「psychotherapist pregnancy」で2件，「pregnant」で27件，「pregnancies」で7件が検出された。このうち，書

評やセラピストの妊娠に関連しない論文を除くと，全部で39件となった。また，セラピストの妊娠を主題にした2冊の書籍（Fenster, Phillips & Rapoport, 1986；Fallon & Brabender, 2003），さらに，日本の先行研究が引用している文献を合わせて，46の文献をレビューすることにした。調査研究，インタビュー研究，事例研究の順に先行研究をまとめていく。

1. 調査研究

　妊娠したセラピストを対象にした質問紙調査として，3人の研究者による研究を参照する。

　Berman（1975）は，女性精神科医の妊娠中とそうでない期間を比較して，特にボーダーラインと診断されたクライエントは，医師の妊娠中，より多くのアクティング・アウトが見られたと報告した。

　またNaparstek（1976）は，産後2年以内のセラピストで，出産休暇復帰後もクライエントとの治療を継続していた32人を対象に，質問紙調査を実施した。その結果，クライエントは，セラピストの妊娠に際して見捨てられや喪失に対する恐怖を感じる傾向があり，母親転移がみられたり，セラピストに対する肯定的な同一化がみられたり，逆にセラピストと競合する動きが高まったりしたと述べている。また，セラピスト側の心理にも言及しており，例えば，クライエントから身体的攻撃を受ける恐怖を感じたり，自己没入あるいは心理的引きこもりになったりする傾向があること，妊娠したセラピストの多くが，自分の妊娠を治療に役立てられなかったことを後悔している，と報告している。

　白坂（2007）は，心理臨床家の妊娠・出産・育児経験が心理臨床活動にどのような影響を及ぼしているかを検討することを目的として，臨床心理士と保育士に対して質問紙調査を行った。そして，自身の妊娠に対する気持ちを比較した結果，心理士には特有の罪悪感があること，すなわち「健康な子をと願うことが障がい児を否定しているようで申し訳ない」「幸せと

思われて申し訳ない」といった気持ちがあることが示された。また，子育て経験が自分の職業に及ぼす影響について，保育士はポジティブなものを想定するのに対して，心理士は，ポジティブとネガティブなものの両方を想定しており，自身の妊娠に対して葛藤が見受けられると報告した（表1）。

　Naparstek や白坂の研究から，セラピストの妊娠によって，クライエントに大きな影響がもたらされるのはもちろんのこと，セラピストのほうも恐怖や引きこもり，罪悪感などの感情が引き起こされることが示唆された。それは，心理療法に従事することに関する特有の問題（いわゆる逆転移）に関連するように思われる。Naparstek の研究によると，妊娠したセラピストたちの多くが自身の妊娠を治療に役立てられずに後悔しているが，これは筆者の問題意識と同じく，セラピストが自身の妊娠を役立てられるように，理論的にも臨床実践的にも，学び考える必要性があることを示しているように思われる。

2. インタビュー研究

　セラピストの妊娠に関するインタビュー研究で，最も多く参照されているのは，Fenster ら（1986）と Bassen（1988）の研究である。この2つの研究をまとめ，その後，本邦のインタビュー研究を要約する（表1）。

　Fenster ら（1986）は，セラピスト22名に対して，妊娠中期に1回，産後2〜7カ月に1回，産休明け1回の計3回，各1〜1時間半のインタビューを行った。このインタビュー調査は，セラピストの妊娠の経過によって，クライエントの感じているものが変遷していくという視点をもっていることが特徴となっている。調査の結果，セラピストが妊娠した時のクライエントは，妊娠初期に「喪失」や「裏切り」を感じやすく，妊娠中期になると「同胞葛藤」や「エディプス葛藤」を展開し，妊娠後期には「分離」や「見捨てられ」を感じやすくなる，という傾向が明らかになった。

　一方，Bassen（1988）は，12名のセラピストに対して，各1時間半の

48

表1 日本における実証研究および質的研究

研究の種類	著者	発行年	研究の構造，概要
実証研究	白坂	2007	臨床心理士107名 （子どもあり54名，子どもなし53名） 子どものいる女性保育士49名への質問紙調査
質的研究	山口	2009a	妊娠中または産後2年半以内の治療者17名 半構造化面接（約90分） 逐語録をグラウンデッド・セオリー法で内容分析 結婚・出産・子育てについてどのように考えていたか，臨床の勉強を始めてから，そして臨床現場に入ってからそれらはどのように変わっていったか，妊娠期間中の心身の状態，職場での困難体験，心理面接における印象的な出来事など
質的研究	山口・岩壁	2012	子育て期の女性治療者12名に半構造化面接（約90分） グラウンデッド・セオリー法による内容分析 ①臨床家としての仕事，子育ての状況 ②複数役割を担う上での困難，やりがい，迷い ③役割感の意識の行き来
質的研究	山口	2013	初妊婦の治療者7名に半構造化面接（約90分） 逐語録をグラウンデッド・セオリー法で内容分析 妊娠中の臨床実践の状況および妊娠前と比較して感じた変化，治療者の妊娠に関わる話題が挙がったり妊娠を特に意識した心理面接の場面に焦点を当て，治療者の考えと内的体験，（予想された）患者の反応を訊いた。

結果

① 「健康な子をと願うことが，障がい児を否定しているようで申し訳ない」「幸せと思われて申し訳ない」といった罪悪感は，臨床心理士のみにみられる。

② 子育て経験が自らの心理臨床活動に及ぼす影響について，心理士はポジティブな影響もネガティブな影響も考えているが，保育士はポジティブな影響のみを考えている。

① 妊娠前の治療者は，子どもをもつ親患者に対して，不安や自己効力感が得られない中で親面接に臨んでいたが，出産を契機として自己効力感が増し，臨床家としての自己像が変化・成長することへの期待が大きい。

② 患者全般を対象とした心理面接で，心身に弱さを感じ，自己に注意が向き，職務を全うできないことへの恐怖に対して，自衛方略をとる。

③ 職場の同僚から置き去りにされる不安を伴うキャリア中断・喪失を経験する一方で，妊娠期を休息期間と捉えるなどのポジティブな側面が見出された。

母親であることによって，子育て期の母親患者に対する理解や実感を深める一方で，子育てに費やす時間や労力により，身に着けた専門性を維持・発展させることに困難を覚える。

また，臨床家であることによって，わが子とのかかわりや見方が柔軟になったが，同時に，臨床家として実践していることを自分自身が母親として実践できていないことは，罪悪感や自己批判を喚起する。

治療者の気持ちは，

① 準備段階【先を見据えて考え始める】

　　いつどのように妊娠を面接で扱うべきか。

② 一時回避【治療者の立場が保てなくなる】【焦点になることを避ける】

　　私的な一面が患者に露呈することに脅威を覚え，自らが焦点となることから逃れようとする。

③ 接近【患者との面接の場の維持を案じる】【責任を引き受ける】

　　それまで築いてきた治療関係の中断に思い苦しみ，自らの責任として妊娠の影響を扱おうとするという風に進んでいくことがわかった。

半構造化面接を行った。その結果，妊娠したセラピストは，転移と逆転移が複雑に絡み合った状況で，転移的な反応と非転移的な反応とを区別し，最善の対応を考えるのに困難をきたすことが分かった。そして，分析家の妊娠が治療に与える影響が，促進的なものになるか破壊的なものになるかは，クライエントの抵抗の程度と，それが分析可能であったか否かによって決まると結論づけた。

　日本では，山口（2009b, 2012, 2013）が，女性セラピストの職業的自己と臨床実践上の困難についてインタビュー調査を行った。そして，表1に示すように，妊娠や出産によって，女性セラピストのこころが大きく揺れるため，治療に良い影響も悪い影響ももたらされ得ることや，セラピストが葛藤を抱えることを示した。Fenster らが，セラピストの妊娠の経過によってクライエントが表す主題が変化することに注目したのに対し，山口（2013）は，セラピストが自身の妊娠の経過にしたがって，「準備段階：いつどのように妊娠を面接で扱うべきか考え始める」，「一時回避：セラピストの私的な一面がクライエントに露呈することに脅威を覚え，自らが焦点となることから逃れようとする」，「接近：自らの責任として妊娠の影響を扱おうとする」，と区分し，セラピストの心理的状況の変遷に注目していることが，とりわけ興味深い。

　これらのインタビュー調査は，意識水準でのセラピストの反応や考え，感情に焦点を当てることを特徴としている。このような方法によって，クライエントの転移反応や，セラピストの逆転移反応の一般的な特性を把握することにも十分に意義があるだろう。しかしながら，各々の治療の展開を俯瞰することや，無意識的コミュニケーションや治療関係について検討することなしには，セラピストの妊娠が治療やクライエントにどのような影響をもたらしたのか，クライエントのこころのどのような部分を刺激したのかについて，より深い知見を得るのは難しいように思われる。

　例えば，Fenster らが行ったような，セラピストの妊娠時期による転移

の分類について考えてみると，確かに，腹部の膨らみという可視的な変化はクライエントの空想を刺激するが，腹部の膨らみの程度や妊娠の推移が，クライエントの無意識的経験の変化にそのまま対応するとは言えない。妊娠初期は「喪失」や「裏切り」を感じる傾向が強いとして，その「喪失」や「裏切り」がクライエントの内的現実の中で，どのような意味をもち，どのように解決してゆく必要があるものなのか，そしてこれらの問題をどのように治療的に扱っていくのが良いかを考えることが肝要ではなかろうか。また，妊娠中のセラピストの考えや感情は，妊娠期の個人的な逆転移として記述されることが多いが，クライエントの反応に呼応して現れている可能性もあり，それらを混同しないように十分に精査する必要もあるだろう。

　これらの調査研究や質的研究を含む多くの研究で，多くの臨床家が，セラピストの妊娠を契機にして，クライエントが元々もっていた心理的葛藤や問題が明らかになっていくと指摘しているのは興味深い（上別府 1993；Fenster ら 1986；Fuller, 1987；McGarthy, 1988；Naparstek, 1976；Underwood ら 1976）。治療により有用なのは，セラピストが抱きやすい罪悪感や自己批判をどのように考えてゆくのが良いのか，クライエントのこの反応をセラピストがどう理解していくのが良いのかという観点ではなかろうか。そのために，事例研究をとおして，クライエントの内界の表現を詳細に捉え，丁寧に考察していくことは欠かせない。

II　セラピストの妊娠がクライエントの無意識に及ぼす影響 —日本の事例研究から—

1. 日本の研究史

　上別府は，日本における「セラピストの妊娠」に関する研究の先駆者である。随想「妊婦と精神療法」（上別府，1988）で，セラピストの匿名性

の問題，クライエントの転移の問題，セラピストの逆転移の問題を挙げて
論じたのが，この研究の始まりである。

　その後，2回の妊娠中にかかわったクライエント27例の反応を，強表
現群，弱表現群，行動化群，身体化群，不明群に分けて，総合的に考察し
た（上別府1993，表2）。上別府によると，クライエントは，セラピスト
の妊娠に対して元々もっていた中心的な課題で反応することが多く，その
内容は「分離不安」，「見捨てられ不安」，「出産（死）の不安」，「怒り」，「兄
弟葛藤」，「太母イメージ」，「女性性の発達」，「エロティックな感情の刺激」
と多岐にわたる。上別府は「治療者の妊娠を明らかにすると，クライエン
トの抱く治療者像は変化したが，妊娠が多面的なテーマを持つためか，治
療者を "空想を引っかける釘" として活用することが可能であった」とし，
さらに「妊娠のもつ "触媒" 機能や「慈しみ育む」特性を活用して積極的
に治療を行うことが可能」であると述べている。

　上別府のオリジナリティは，転移反応の中に「太母イメージ」を抽出し
たことである。セラピストの妊娠を知った男児が，セラピストは千年生き
ているシワクチャのオニババァで，夜な夜なクライエントや赤ちゃんを食
べ，面接という名目で男児が美味しいかまずいか見ている，と語ったこ
とを取り上げ，上別府は，彼の治療経過で，セラピストの養い慈しむ肯定
的な面だけでなく否定的な面に気づき始めたことが関係していると考察し
た。

　また上別府は，逆転移反応についても，①大量の身体的生理的エネルギー
が胎児に消費され，クライエントに対するエネルギーが低下した，②クラ
イエントの問題をより「取り込む」傾向が見られた，③クライエントの攻
撃に対する過敏性が見られた，④私的事情で治療を変更すべきでないとい
う超自我と，社会文化的背景による罪悪感が生じた，⑤クライエントに対
して「慈しみ育む」感情が増大したの5つを報告した。

　当時，こうした研究は非常に稀であり，上別府（1993）自身，「女性臨

床家や研究家でさえ自らの女性性を公にしていきにくい社会的背景があった」と述べるほどであった。確かに，1990 年代の中ごろまでは，女性セラピストが出産休暇をとること自体に抵抗があったため，こうした主題を研究するのはタブー視されていたところがあるかもしれない。

　しかし，1999 年に「雇用の分野における男女の均等な機会及び待遇の確保などに関する法律（男女雇用機会均等法）」が改正され，女性セラピストの雇用環境が変化するなど，社会的な情勢の影響もあってか，1990 年代後半から，複数のセラピストが，セラピストの妊娠による治療への影響を主題にした事例を報告し始めた。

　これらの事例研究について概観したものが，表 3 と表 4 である。原田（1999）は，妊娠による混乱が生じた状況でも，治療者が患者にとって‘個人としての治療者’と‘患者の内的な対象関係の投影の受け皿’という二側面を持ち，各々のレベルで交流が起きていることの認識が重要である，と論じた。そして，セラピストのパーソナルな部分が患者の無意識や意識を刺激し，転移を促進すること，こうした患者の連想や反応に対してセラピストが中立的に機能することは，身体的にも精神的にも負担が大きいとも述べた（原田，2013）。日下（2002）は，セラピストの妊娠・出産による「不在」が心的外傷体験の再現となった女性の事例および，セラピストの不在が「不在の対象による迫害的攻撃」と体験された重篤な女性の事例（日下，2006）を提示した。日下は，妊娠・出産期のセラピストは，原初の母性的没頭状態や罪悪感などの逆転移感情に陥るため，セラピスト機能を維持するのが困難であると主張している。笠井（2002）は，セラピストの妊娠の影響が明らかであった 3 事例を提示し，分離不安や見捨てられ不安，治療関係の閉塞などの中核的な問題が展開したことを考察し，妊娠と出産休暇をどう伝えるかという技法上の問題について論じた。さらに笠井は，妊娠直後のクライエントの反応が，クライエントの中核的な葛藤とセラピストとの関係を反映していることを各事例で検討し，さらにそれに対

表2　上別府（1993）の事例研究（27例）の概要

群名	事例数	概要
強表現群	7	1）16歳女性　ヒステリー（摂食障害） 2）15歳女性　反応性うつ 3）51歳男性　本態性振戦 4）16歳女性　ヒステリー（過呼吸） 5）13歳男性　夜尿症，てんかん 6）8歳男性　遺糞，意尿 7）11歳男性　ヒステリー（失立発作）
弱表現群　思春・青年・成人期グループ	5	8）13歳女性　家庭内暴力，過呼吸 9）21歳女性　心因性頻尿，下痢 10）19歳男性　アパシー 11）43歳女性　げんうん症 12）60歳女性　不安，めまい
弱表現群　母親事例グループ	5	13）42歳女性　集団不適応（10歳女児）の母親 14）32歳女性　反抗・暴力（6歳男児）の母親 15）30歳女性　吃音（3歳男児）の母親 16）38歳女性　悪性脱毛（4歳女児）の母親 17）27歳女性　育児不安の4歳男児の母親
行動化群	5	18）16歳女性　ヒステリー性格，てんかん 19）10歳女性　心因性発熱，問題行動 20）20歳女性　アノレクシア・ネルボーサ 21）16歳女性　強迫神経症 22）36歳女性　登校拒否（7歳女児）の母親
身体化群	2	23）22歳女性　全脱毛症 24）4歳女性　集団不適応（分裂病の疑い）
不明群	3	25）27歳女性　産褥精神病 26）12歳女性　過呼吸症候群 27）30歳女性　母子関係，3歳男児の継母

セラピストの妊娠を知った患者の反応

強いショック，悲しみ，抑うつ。見捨てられ不安の歴史を語る

反応を表現せず。母親が怒りを表出し，甘えられず淋しかったこと語る

セラピストの産休明けを待つと話し，妻より妻の母親に魅かれていたという秘密を打ち明ける

祝福の言葉。母親に自分の妊娠期・乳児期の話を聴いて，愛されていることを確認

先生はイジワルだ，と怒る。「本当はオニババ」と山姥の空想を語る

「ゲッ！」と驚く。セラピストへのきょうだい葛藤的怒りを示す

母親が気づき，産休までに治癒するかと不安になる

「結婚してたの？」と驚き，不安を表現。セラピストの子どもに同一視する

「今まで，父との関係にしがみついてきたが，今はいざとなれば関係を切るつもり」

「それでよい」とクライエントは言い，母が不安を示す

「しばらくは来院が難しい」と交代に抵抗する

冷静。「治療者の休み明けを見計らって連絡する」とイニシアチブを取る

不安から祝福へ。セラピストの私的な側面への質問をし，労い，詫びる

不安を多少表現した後，患児を妊娠中の気持ちを振り返り葛藤，行動化する

母親が先に気づき「女の勘てすごいですね」，陽性の表現のみ

祝福を述べるも浮かない表情をする

特になし。不安は改善し，母親の自信が育つ

「羨ましい」とセラピストを対象化し，距離が離れる。後，人工妊娠中絶を受けて来院

反応を抑圧する一方で，治療場面外で生々しい男女の性行為の図を描く

セラピスト交代を希望。抑うつ的になりセラピストとの最終面接に大幅な遅刻

反応を抑圧し「はい，いいです」。翌回に遅刻し「やけになっている」と表現する

母親は職業へのこだわりが取れ「母親」としての自分を受け入れられた

クライエントは反応を表現せず。症状は後退した

クライエントは既に知っており，「ママには内緒にしているの」。自家中毒で体調崩す

略

略

略

応するセラピストの罪悪感が，子どもに幻滅を与える親の気持ちとして，クライエントの内的世界に対応してアクティング・インされることを描き出している。山崎（2010）は，学生相談では，自己同一化できるモデルとしてセラピストの自己開示を行うこともあり，日常的な対話の延長線上として，クライエントがセラピストの妊娠について言及しやすい傾向がある，と述べている。

これらのほとんどの事例研究は，逆転移によるセラピストの罪悪感や身体的負担による困難（集中力の欠如など）を上別府（1993）に倣って「抱える容量の低下」と呼ぶなどして重要視している。

2. 先行研究の問題点と新たな視点

先行研究で提示されている，セラピストの妊娠前の治療状況と妊娠を伝えた後のクライエントの言動について，筆者が独自に検討したところ，治療プロセスの転移関係の在り様およびクライエントの病理によって，セラピストの妊娠に対するクライエントの捉え方が異なっているように見受けられた（表3，表4）。

たとえば，クライエントが転移性恋愛を起こしているとき（西坂，2013；山崎，2010），またはセラピストに強く一体化を求めている局面（真崎，2014；原田，1999；日下，2002；原田，2013の1例目）では，セラピストの妊娠は，クライエントに裏切り行為と体験され，拒絶感や怒り，恨み，治療空間への侵入に対する恐怖が喚起されている。この時，セラピストのパートナーや子どもは，クライエントからセラピストを奪っていく憎しみの標的となるため，セラピストにも，本能的に胎児を守る気持ちやクライエントへの恐怖心が賦活するようである。一方，男性クライエント（成田2004の1例目）や統合失調症（笠井，2009）のクライエントの中に，腹部の膨らみにまるで気づかないように振る舞う，セラピストの妊娠を完全に無視したまま面接が続くなどの報告もあった。さらに，セラピストが

妊娠を告げるとすぐに同級生と交際を始めた女性クライエントの事例（笠井, 2002）の場合は，セラピストの妊娠が，クライエントのセラピストへの競争心を刺激したことが考えられるだろう。

　これらは，セラピストの妊娠という出来事が，元々のクライエントのこころの在り様をより明白に描き出すきっかけとなっており，セラピストがそのクライエントの表現を適切に扱うことができるなら，より治療的に有効な介入が可能であることを示しているように思われる。

　しかし，先行研究は，セラピスト－クライエント間の関係性から生じる無意識的空想の展開という視点による記述が十分でないために，個々の事例で，セラピストの妊娠によって，クライエントの内界にどのような変化が起きているのか，厳密には考察することができない。妊娠を伝えた時期まで治療関係がどうであったか，また，その妊娠がセラピストとの「分離」を意味せず「出産休暇」を伴うものなのか，セラピストの「喪失」を意味しやすい「出産退職」を伴うものなのかによって，その影響の出方は全く異なってくるはずである。重要なのは，セラピストの妊娠を告げた後のクライエントの「反応」が肯定的だったか，否定的だったか，といった分類ではない。そうしたクライエントの反応に対するセラピストの理解と解釈のあり方，そしてそれに対するクライエントの反応が，心理療法においてどのような意味をもって展開していったかを丁寧に追っていくことである。本研究では，そうした視点をもって臨床事例の検討を行う。

Ⅲ　セラピストの妊娠がクライエントの無意識に及ぼす影響 ―海外の事例研究から―

1.　諸外国の研究史

　海外の研究は，事例報告の数も多く，さまざまな主題が議論されている。これらの研究の大きな流れを振り返り，それらの中から本研究に関連する

表3　日本の事例研究論文

著者	発行年	事例数	概要
真崎	2014	1	20代女性：過呼吸, 不眠, 醜形恐怖, 親との関係不和, 摂食障害（妊娠を伝えたのは第34回。セラピストは出産退職）
西坂	2013	1	20代男性：抑うつ, 希死念慮, 転移性恋愛（妊娠を伝えたのは, 面接開始約半年後。2カ月後にセラピストは出産退職）
若佐	2013	1	30代女性：幻聴, 妄想（妊娠を伝えたのは8年数カ月後。4カ月後に4カ月の産休）
山崎	2010	1	男子大学生：親への葛藤, 完璧主義な性格など。転移性恋愛。（妊娠を伝えたのは1年9カ月の面接後, クライエントの留学期間を経て2か月後。5カ月後に産休予定で, 代替カウンセラーに引継）
笠井	2009	1	20代男性：統合失調症。主訴は「人間関係の悩み」。妊娠と言わずに休みを伝えたのは第151回（妊娠7カ月）
日下	2006	1	20代後半女性：境界例。重い対人恐怖, 迫害感情。（妊娠を伝えたのは, 面接開始2年2カ月後。4カ月後に5カ月の産休）
成田	2004	3	1) 中3男子：不登校, 昼夜逆転 2) 小6女子：不登校, ひきこもり 3) 小4女子：指しゃぶり, チック, 爪かみ, 人前で話せないなど
笠井	2002	3	1) 女子大学生：希死念慮（第33回で産休を伝える） 2) 20代女性アルバイト：不安神経症（6回目で産休伝える） 3) 20代男性：統合失調症（産休3カ月前に「家庭の事情で」と休みを伝えた）
日下	2002	1	19歳独身女性：青年期うつ, 自己同一性の危機
上別府	1999	1	51歳男性：社会恐怖。隔週の自律訓練法。自分の欠陥が上司に気づかれるという不安を持っていたが, セラピストに陽性転移を起こしリラックスしていた。（治療4カ月目に妊娠がわかり, セラピストが治療をやめようとすると, しがみつき反応を起こした）

セラピストの妊娠を知った患者の反応

恋愛や結婚への拒絶感，男性に自室を覗かれた時の恐怖，大事なものを壊した子どもとその母親に「死ね」と怒鳴るという連想

「わからない」と下を向き，長い沈黙。初めて涙をこぼす。セラピストを抱擁したいと申し出る

「代わりの先生は？」と訊き，セラピストの復帰を聴き「私に責任を持ってくれているのですね」と言う。子宮筋腫や乳がんに罹ったのではという不安，同胞葛藤
セラピストの復帰後，セラピストの子ども同一化し，母親に放っておかれた寂しさを思い出す

悪阻のキャンセルについて，自ら「妊娠ですか？」と尋ねる。ひきつった顔で「こういう時おめでとうと言うのがふつうなんだろうけれど，何と言ったらいいのか言葉が見つからない」，体調が良くない，と言い，自暴自棄に。「子どもを産むことに満足していますか」「旦那さんはどんな人ですか」などの質問をする

腹部の膨らみに気づかず「はい，わかりました」。「どういう事情ですか？」と尋ねる。が，母が義父に気を使って，自分を家でゆっくりさせてくれなくてさびしい」と連想

すぐさまセラピストの交代を希望し「淋しいと感じることは辛い。辛いことはいけないこと」と連想。母から両親の性生活について聞き出し「自分は親の愛のないセックスで生まれたかと思うと身体がちぎられそうに辛かった」「自分が姉や母をしんどくさせているからセラピストもしんどくなって休むのだ」と言う

1 例目はセラピストの妊娠を無視し続けた
2 例目はセラピストの妊娠が結果的に治療を深め良い方向に影響した
3 例目はセラピストの妊娠により治療の進展がストップした

1）翌回，同級生と初めてデートをし，交際を始めた
2）あっさり「わかりました」と次の話題に移るが，「小学校 5 年生くらいまで両親と一緒に寝ていたが，両親が先に寝ついてしまうと一人取り残された感じがした」と連想した
3）腹部の膨らみに気づかない，まるでないかのように振舞う

産休前「今度再会するときには，ベイビーはお腹の中にいないからお腹を触らせて欲しい」
産休中，2 度の手紙。「人間を産み落とすなんてゾンビだ」
産後，Cl 太っており，アパシー状態。思考のまとまりを欠く話。断片化，混乱が起きた

産休が近づいたころ，妊娠と産休を伝えると，産休があけるのを待っていると答えた。その時，クライエントは自分が結婚の時に妻の母親から気に入られたのだが，自分も妻の母親に魅かれており，この近親姦的な秘密が妻にばれないかと緊張していたことを告白した。産休明けに連絡をとると，元気にやっているとのことで，治療継続を断ってきた

表4　日本の学会発表，研究報告

著者	発行年	事例数	概要
日下	1999	1	19歳女性：2002年の事例と同じ
原田	1999	1	22歳女性？：中2より下痢，食欲低下，吐き気などの身体症状 高2から不登校，退学。親への暴力や自分自身への暴力 （第72回で，4～5カ月後に3カ月の産休を取ることを伝える）
上別府	1995	1	51歳男性：1999年の事例と同じ
原田	2013	2	1）境界例水準のクライエント，10年のひきこもり →一体となった胎児とセラピストに激しい攻撃，退行 2）子どものことで気もそぞろだったセラピスト →クライエントが「食事の時，母がそっぽを向いて姉の世話をし，自分は手づかみで食事していた」連想
山崎	2007	18	妊娠について，クライエントが自ら気づいたのは6例 セラピストから直接，間接的に伝えたのが8例 手紙で来談を促して伝えたのが4例

セラピストの妊娠を知った患者の反応

略

しばらくして「最近自分のことじゃなくて，休みがやだとか先生に対する気持ちを話してるんだけど，何の治療に来てるのか戸惑っている」と話す。第79回で服装乱れ攻撃的な口調で「休みの日程を確認したい」「主治医に死なないか確認されたが，前にたくさん薬を飲んだのでしないとはわからない」と泣きじゃくり，セラピストを睨みつけた。

略

お腹が大きくなるセラピストへのファンタジーは
①隠れ身が否応無しに破れる
②妊娠は幸福の象徴であり，病気や入院と違い，envy をかきたてやすい
③セラピストが意図して作りだすものなので，セラピストの罪悪感が刺激される
④胎児はセラピストとクライエントという二者が存在していた面接室への侵入者である

反応の特徴を3つに区分できる。
A：ネガティブ，アンビバレントな言動，身体化・行動化
B：反応は弱いが，個々の事例の課題が映し出された
C：葛藤を持ちつつも程よくその事実を受け入れられた

ものをまとめたいと思う。

　精神分析が行われるようになって最初の半世紀，妊娠という事象は，「ペニス的でエディパルなものへの憧憬に対する埋め合せ的努力を表象する，病理的危機状態を示すと考えられていた」ため，妊娠したクライエントの研究はあっても，妊娠したセラピストの研究は殆どなかったという（Yakeley, 2013）。

　この主題に関する研究が始まったのは，Hannet がセラピストの妊娠と流産について考察した 1949 年のことである。Hannet（1949）は，自身の妊娠と流産，それによる突然の心理療法の中断と再開といった事態に対する，6 人のクライエントの反応を考察した。Hannet は，一連の出来事が 3 人の男性クライエントに大きなインパクトを与え，彼らのこころに過去の類似した経験を蘇らせたことを示した。そのうち 2 人は，同胞が生まれた時に，母親に裏切られ見捨てられたと感じており，もう 1 人の男性クライエントは母親が妹出産の際に死亡したことが，面接で取り上げられた。

　その後，セラピストの妊娠と，それが治療にもたらす影響についての研究は盛んに行われなかったものの，Bibring ら（1961）が，「妊娠は，きわめて正常な，成熟にかかわる危機であり，防衛を緩め，乳児的葛藤を活性化した後，内的に新しくパーソナリティを組織化していくというプロセスである」と再概念化したことを機に，女性セラピストが自身の妊娠について語ることが促進され，事例研究の発表が活性化した（Yakeley, 2013）。

　1960 年代半ば以降の Van Leeuwen（1966），Lax（1969），Paluszny & Poznanski（1971），Browning（1974），Nadelson ら（1974）の一連の研究のなかで，セラピストの妊娠は，各々のクライエントの人生史や人格構造に深く関連する乳児的葛藤を活性化させることが報告された。特に，Lax（1969）は，6 事例を提示し，セラピストの妊娠に対するクライエントの反応を詳細に報告した。そして，セラピストの妊娠が「前性器的およびエディパルな苦闘を再体験する，まれにみる機会」を提供するとして，セ

ラピストの妊娠を肯定的に捉える視点を提示したのであった。そして，重篤で長期の疾病や結婚・離婚などと同様，匿名性が守れないため，セラピストは「空白の投影スクリーン（blank projective screen）」にはなれないが，セラピスト自身の幼児期の精神的葛藤を処理していれば，クライエントの反応はその精神的特徴によって決定されるので，「最適な投影スクリーン（optimal projective screen）」として機能しうると述べた。彼女はまた，男性クライエントと女性クライエントの反応の違いは，発達的差異によるものだと推測し，セラピスト自身の歴史に起因する逆転移的反応にも言及した。Lax の論文は，セラピストの妊娠について研究する殆どの研究者が参照している，金字塔的論文だと言えよう。

　これ以降，1970 年代や 1980 年代のフェミニスト運動や女性性への関心の高まりが，セラピストの妊娠に関する論文の飛躍的増加に貢献した。例えば Paluszny ら（1971）は，セラピストの妊娠に対するクライエントの反応を，「退行的反応」「防衛的反応」「適応的反応」と分類した。「退行的反応」とは，幼児期の葛藤を追体験することによって，それらを解決しようとする試みであり，「防衛的反応」とは，妊娠の否認，心理的引きこもり，セッションの欠席，早すぎる終結，反動形成などである。そして「適応的反応」とは，セラピストの妊娠によって刺激された新しい素材や感情を心理療法の中に統合し，セラピストの妊娠を活用して，新しい気づきを得たり，心理治療的変化を作り出したりするというものである。

　また，妊娠したセラピストのこころの状態や逆転移反応が，いかにクライエントの治療に影響を与えるのかなどの視点も加わり，研究の内容も，治療技法を論じるものへと方向転換していった（Imber, 1990；Mariotti, 1993；Perlman, 1986）。

　一般的に，セラピストの妊娠は転移を揺り動かして強化するものであるが，それが治療を促進する場合もあれば，阻害する場合もあるということでセラピストの意見は一致している（McWilliams, 1980；Bassen, 1988；

McGarty, 1988；Etchegoyen, 1993；Friedman, 1993）。そしてまた，セラピストの妊娠時，「アイデンティティ」，「セクシャリティ」，「見捨てられ」，「同胞葛藤」，「信頼」，そして「隠された秘密」などに関連する共通のテーマが治療の中に立ち現れることも，多くの研究で一貫して示されている。これは，セラピストが妊娠したという実際の状況への意識的な反応でもあり，また，無意識的なものの反映でもあると言われている。

　セラピストが妊娠した時に陥る，特定の技術的な問題に焦点づけた研究には，出産休暇や職場復帰後のマネジメント，クライエントに妊娠を伝えるタイミングや伝える方法やその雰囲気に関するものがある。（Nadelsonら 1974；Fenster ら 1986；Penn, 1986；Turkel, 1993；Gerson, 1994；Imber, 1995；Uyehara ら 1995）。妊娠したセラピストへのスーパーヴィジョンに関する問題（Fenster ら 1986）など，セラピストの妊娠に関連する研究は，事例研究から周辺領域へと広がって盛んに行われている。

2. セラピストの妊娠によって引き起こされる一般的な転移反応

　それまで隠れ身のなかにいたセラピストが妊娠すると，クライエントは空想を刺激され，多彩な感情が沸き起こる。

　しかし，妊娠は「おめでたいこと」であり，「妊婦に怒りをぶつけることなどありえない」という社会的通念があるためか，その知らせを聞いたクライエントに生じた無意識的空想は，暗黙の裡に葬り去られてしまうことが少なくない。実際，筆者も，クライエントに「おめでとうございます」と声を掛けられたことが圧倒的に多かった。しかし，その背後に複雑な感情が眠っていることも往々にしてあった

　Etchegoyen（1993）は，「治療者の妊娠が，転移や逆転移を強めるのは確かだが，ある特定の方向に向かうことはない」とし，対象関係や過去の歴史はクライエント各々で異なっており，それぞれ違った反応をするため，転移にも逆転移にも開かれた態度を維持することが肝要である，と慎重な

姿勢を強調している。Penn（1986）も，「セラピストの妊娠に対する，ク
ライエントの反応は非常に個別的であり，クライエントの人格構造，病理
水準，家族史，現在の生活状況などの個人的変数が，反応を形作る」，さ
らには「治療関係，治療の頻度や期間，それまでの転移状況が，クライエ
ントの反応にすべて影響する」と主張する。

　筆者も，これらの治療姿勢は非常に重要であると考える。しかし，セ
ラピストの妊娠という事象が普遍的に引き起こす主題を土台にした上で，
個々の事例を考察する必要がある。その理由は，妊娠という事象そのもの
が持つ固有性に拠っている。

　つまり，セラピストが妊娠すると，当然ながらセラピストの匿名性が暴
露され，セラピストの私的な生活が明るみに出てしまう。しかしそれは，
セラピストのその他のライフイベントや日常生活，信念や価値観などの暴
露とは一線を画すものであり，いわば，「妊娠」特有の普遍的なテーマが，
クライエントのこころの深層部分を浮かび上がらせる。それは，セラピス
トの「生」や「性」を通して見えてくる，クライエント自身の「生」や「性」
の在り様であり，ひいては，私たち人間が皆持っている，「生」や「性」
に対する，ありとあらゆる感情が凝縮された空想である。これらの主題の
深層については，第 3 章でクライン派精神分析の知見を用いて詳しく検討
する。

　別々の研究で重複して話題になる主題もあれば，著者独自の主張が見ら
れる研究もあり，全てを網羅して論じるのは難しい。筆者は，Nadelson
（1974），Fenster ら（1986），Bassen（1988），Lazar（1990），Mariotti（1993），
Turkel（1993）および Raphael-Leff（1980, 1993, 2003）の記述を参照した
上で，Penn（1986）と Fallon & Brabender（2003）の記述を中心にして，
転移のなかに見られる主題を（a）分離不安，（b）羨望と競争心，（c）
セクシャリティ，嫉妬，エディプス関係，のようにまとめ直した。これら
を参照することで個々の事例の理解へとつなげる手がかりとしたいと思

う。

　これらの主題は，臨床事例の表現の中でこそ，その本質が理解できると筆者は考えるので，各項目の最後に筆者が担当した事例の臨床ヴィネットを例として挙げた。なお，これらのヴィネットは，個人が特定されないことに配慮し，本質を損なわない程度に変更を加えた。

1）分離不安

　セラピストが妊娠すると，潜在化していたセラピストの「母性」が露わになるので，母親転移が強まる傾向がある。そのため，実際の母親との早期の経験にまつわる葛藤や感情が再演されたり，早期の経験に関する記憶や連想が表面化しやすくなったりする（Penn, 1986；Raphael-Leff, 2008）。したがって，母親をめぐる「愛着」や「分離」に関する不安や葛藤，「放棄」や「喪失」の恐怖が喚起されやすくなる（Raphael-Leff, 1980, 1993；Bassen, 1988；Lazar, 1990）。

　セラピストの妊娠を告げられたクライエントは，セラピストに見捨てられたと直接的に感じることもあるが，逆に，セラピストを必要だと感じないようにしたり，セラピストの妊娠という事実を否認したりして，自分を守ろうとすることもある（Mariotti, 1993）。いずれにしても，セラピストの妊娠時，多く報告される転移反応は「見捨てられた」感覚にまつわるものであり，それをどのように表出するかは，クライエント自身がもっているこころの問題の深さや質に左右される。

　例えば，産後うつにかかった母親に育てられ，最早期に情緒的な応答をしてもらえなかったクライエントや，同胞の誕生に際して長期間祖母宅に預けられたクライエントは，セラピストの妊娠を知り，その時の見捨てられた気持ちや不安を再体験（Penn, 1986）した。このように，クライエントの「見捨てられた」感覚は，過去の現実または空想の対象喪失体験によって，より強く彩られる。

　ただし，クライエントは実際に，出産休暇や育児休暇のため，数週間か
ら数カ月はセラピストと接触することができなくなるので，クライエント
が見捨てられたと感じることは，クライエント固有の過去の問題だけでは
なく，実際の状況に対する当然の反応であるという理解もなされるべきだ
ろう。さらに，セラピストがクライエントのためだけに存在しているとい
う空想が維持できなくなり，分離の問題に直面するクライエントや，実存
的な孤独を強く感じるクライエントがいることを念頭に置く必要がある。
　このような転移状況について臨床ヴィネットを提示する。

【事例 1】

　同胞とは異なり，自分だけ母親から十分な授乳をしてもらえず，現在も
母親と愛情深い関係が築けないと悩む女性との面接からである。
　サド-マゾ的な対象関係が現在の家族との関係で固定化し，治療関係に
おける転移としてもそれは繰り返されていた。
　クライエントは，セラピストの妊娠を知ると，寝椅子に丸まって，胎児
のような姿勢で連想をするようになった。そうすることでクライエントは，
まるで自分がセラピストのお腹の中にいるかのように振舞っていた。セラ
ピストは，クライエントが，自分の胎児を押しのけて子宮に入り込んでく
るように感じ，微かな脅威をおぼえた。
　クライエントは，「座敷童のように，先生（セラピスト）の家庭の片隅
に座っていたい」と望んだが，それは，彼女が真の母子関係の交流ではな
く，寄生的によその家庭に棲み込むような関係を求めていることを表して
いた。セラピストの夫や子どもに見えず，攻撃されないことが彼女の願い
なのであった。クライエントは，胎児や座敷童のように，物も言わず，た
だセラピストの中に入り込んで眠ることが，安全で平和な生き方だと信じ
込んでいた。

【事例２】

　子を妊娠中に，夫の女性関係が原因で離婚した，若い女性クライエント
のヴィネットを提示する。

　クライエントは，他者を信頼するのが難しく，情緒不安定で無気力な状
態であった。自分の子どもを愛することも関心をもつこともできないため，
ネグレクトに進行することが心配された。

　面接でクライエントは，日々の子育ての苦しみを打ち明け，徐々にセラ
ピストを信頼できるようになり，主体性を他者に委ねて他者との摩擦を避
けてきたことや，子どもが示す対人希求や甘えに対して，自分が嫉妬して
いることに気づいていった。

　セラピストの妊娠を知ったクライエントは，まるで何もないかのように
振る舞った。それは，クライエント自身の妊娠中の辛い思い出を思い起こ
さないようにしているようであり，さらには，母親が仕事で忙しく，幼い
頃から一人で留守番をしていたクライエントが，健気に寂しさに耐える姿
のようでもあった。セラピストは，クライエントがその辛さや寂しさを一
度口にしてしまえば，セラピストに見捨てられる不安に押しつぶされてし
まうのかもしれないと思いながら見守っていた。明らかにセラピストのお
腹が目立ってきても，クライエントはそれを無視し続けた。

　出産休暇の直前，ふいにクライエントは「先生……男の子ですか，女の
子ですか」と尋ねた。セラピストが「私の子どもに関心を持ってくださっ
ているのですね」と応えると，彼女は「無事に帰ってきてください」と伏
し目がちに囁いた。出産休暇の後，セラピストが職場復帰すると，クライ
エントは「先生（セラピスト）が戻って来るとは，とても信じられなかっ
たんです。顔を見てほっとしました」と語った。

2）胎児やセラピストへの羨望と競争心

　セラピストの妊娠を知ったクライエントは，胎児に対する競争心をかき

たてられる。胎児の方がクライエントよりも賢くて，可愛くて，面白くて，愛らしいから，セラピストはクライエントより胎児を好むだろう，と確信するクライエントもいるかもしれない。セラピストから拒否されたり捨てられたりするのではないか，という不安や恐怖をもつ場合もあるし，そんな胎児に殺意を持つこともありうる（Penn, 1986）が，大抵の場合，胎児を破壊したいという願望が，直接言語化されることは少ない（Fenster ら 1986）。胎児にだけではなく，命を生み出すことのできるセラピストに対して，クライエントが羨望の目を向けることもある（Raphael-Leff, 2003）。Mariotti（1993）は，クライエントが，全能で魔術的な母親－セラピストに同一化した事例を報告している。

　また，セラピストの妊娠は，子どもがいないクライエント，子育てを終えたクライエント，独身のクライエントに，羨望を抱かせる場合もある。Nadelson（1974）は，中絶，子どもの死，親権の喪失，不妊などの体験や，悲しみや喪失に対する喪の作業が必要なクライエントが，新しい命を宿したセラピストと治療を続けることの苦悩を報告している。さらに，妊娠したセラピストと相対することは，子どもがいるクライエントにとって，自分が親としてどんな感情を持ち，子どもたちとどんな関係をもってきたかを吟味させられる体験となるかもしれない。まだ親になったことがないクライエントは，家族を持つことへの葛藤に光を当てることになるかもしれない。キャリアと母親業を両立するというセラピストの決断は，クライエントに一つのモデルを提供するかもしれないし，同じ道を続かねばならないプレッシャーとして経験される場合もあるだろう（Penn, 1986）。

【事例３】

　子どもを過保護に養育するなかで，周囲からの孤立感や関係念慮に苦しみ，不安・うつ状態となった女性との面接からのヴィネットを提示する。

　心理療法によってクライエントは，幼い自分が高熱でうなされているの

に，母が仕事に行ってしまった時の心もとなさを思い出し，長年こころに眠っていた強い寂寥感に気づいていった。セラピストの産休復帰の1年半後，クライエントは，夢を報告した。

　(夢)　裕福で子だくさんのあたたかい家庭を訪問し，奥さんに招き入れられる。広くて過ごしやすい，ほんわかした空間にもかかわらず，自分はどこか居心地が悪く，上の空だった。

　セラピストは，「子だくさんのあたたかい家庭の主は，首尾よくやっているように見える私を表していて，あなたは，そんな私に，あなたの苦しみなどわかってもらえないと思っているようです」と伝えた。クライエントは，とても驚いて「実は，先生(セラピスト)のこと，いつもすごいと思っていました。先生は，小さな赤ちゃんがいても，一度も休まれたことがないから。寝不足なはずなのに，眠そうな顔もしない。私は今日も遅刻しそうで，私はダメだ，やっぱりダメだと思いながら来たんです」と涙を流した。そして，高齢になった母親が今でも地域に貢献しており，子どもに「おばあちゃんはすごい」と言われて傷ついたことを連想した。

　その後クライエントは，自分の寂しさを子どもに投影して，子どもを完璧に保護しようとしていたこと，仕事と家庭を両立する母親を上回るという課題を自分に課していたことに気づいていった。

3) セクシャリティ，嫉妬，エディプス関係

　セラピストがクライエントに妊娠を伝えることは，セラピストの二つの現実を提示することになる。一つは，セラピストが性的な活動を行っている人であるという現実(Penn, 1986；Turkel, 1993)，もう一つは，セラピストが，クライエントを排除した別の人生の中で親密な関係を持っているという現実である(Fallon & Brabender, 2003)。

　セラピストに夫という存在がいることがわかると，クライエントは自分がエディパルな三角形から疎外されたと感じさせられる。クライエント

は，2 人の大人の親密な関係の外側に自分がいるというエディパルな主題に気づかざるを得なくなるのである。彼らクライエントにできることは，親密な関係を見ることだけであり，その関係性に参加することはできない（Penn, 1986）。エディパルな問題を抱えたクライエントにとって，この状況はかなり過酷である。性的なアクティング・アウトや嫉妬によるセラピストへの攻撃などが起こる可能性がある。

【事例 4】

　妄想に苦しむ女性クライエントは，セラピストが自分の男性主治医と不倫していることを疑っていたが，それは，自分自身が，夫の前妻から夫を略奪したという経験を，セラピストへ投影したものだった。

　クライエントは，セラピストの妊娠を知ると，主治医とは別の若い男性医師と自分との親密な関係をセラピストに強烈にアピールするようになった。クライエントは，セラピストが夫や子どもを持っているという事実に耐えられないため，競争して優位を示そうとしているようだった。しかしながら，クライエントは，性的な空想で頭が一杯であるのに，いざ性交渉となると恐怖に圧倒され，夫の不能を理由にしてセックスレスであり続けていた。クライエントは「自分はこんなに苦しんでいるのに，先生だけ人生を楽しんでいる」と言って猛烈に怒った。

　このように，セラピストの妊娠と出産がクライエントの中核的な不安を刺激し，セラピストが，クライエントの過去や現在の重要な人物の，ある側面を担うという劇的な局面が生じ，治療プロセスの中で大きな転換点となることが少なくないことを筆者は経験してきた。

　ここに挙げた母子関係での愛着や分離をめぐる葛藤，羨望や競争心，エディプス葛藤といったテーマはすべて，セラピストの妊娠時以外の精神分析的心理療法においても，非常に重要な問題であり，人間に普遍的な苦悩

やこころの痛みを表す問題の一群であることは間違いないだろう。

　Etchegoyen（1993）は「妊娠中，クライエントと私自身には，肯定的な情緒的成長が起こったと思う。それは妊娠それ自体のおかげではなく，分析状況の維持を目指して注意深い分析を行ったためである」と述べている。Nadelson（1974）も，セラピストの妊娠によって喚起される葛藤をワークスルーすることは，しばしば重要な治療的経験になる，と述べている。

　セラピストの妊娠によって高まった，ある種の緊張や葛藤，危機的な状況を，クライエントのこころを理解するために用いるためには，セラピストのどのようなかかわりや考え方が必要となるだろうか。

3．セラピストの妊娠によって生じる治療的展開
──現代精神分析の視点──

　本項では，現代の精神分析研究が提示する試みについて概観する。

　日本の先行研究にも該当することだが，妊娠したセラピストによる事例研究は，セラピストの罪悪感が少なからず反映されているように，筆者には感じられる。それは，治療に責任を負うことに関連する，一人のセラピストとしてあるべき苦悩の現れであるかもしれない。しかしながら，これから概観する研究は，その罪悪感を乗り越えた上で，専門家としてきわめて洗練された視点を用いて考察がなされている。現代精神分析の粋を集めた研究を咀嚼した上で，筆者独自の視点から考察を試みたいと思う。

1）Raphael-Leff　『患者と妊娠した分析家の間で起こる無意識的伝達』

　Raphael-Leff は，妊娠という現象や早期母子関係について，長年臨床的研究を行ってきた研究者であり，『Pregnancy: The Inside Story』（1993），『Parent Infant Psychodynamics: Wild Things, Mirrors and Ghosts』（2003／2011）などの著書がよく知られている。この論文でも斬新な提言を行っている。

　Raphael-Leff（2004）は，論文冒頭で「分析家の妊娠は，無意識的コミュニケーションの互恵的なプロセスを提供するきっかけになる」と述べ，その前提となる考えを提示している。すなわち，クライエントとセラピストの情緒的な転移－逆転移関係によって，無意識的コミュニケーションが間主観的に交換されるということである。

　この論文で，Raphael-Leff は 3 つの論点を挙げている。

　第 1 に，妊娠したセラピストがクライエントにもたらす無意識的な影響についてである。Raphael-Leff は，6 大陸にわたる 1000 人を超える精神保健関係者へのスーパーヴィジョンやコンサルテーション経験から，次の事実を確信しているという。すなわち，文化差や個人差はあるものの，多くの地域で，妊婦は神秘的で，無意識，祖先，超自然的なものと接触していると感じられている。そして妊婦は，脆弱で敏感で，ケアが必要だと思われる場合もあれば，逆に何らかの力があって，潜在的に危険だと思われる場合もあり，そのため，妊婦の創造的な力は，無意識的な直観や黒魔術的なものだと思われたり，逆にまぬけで分別がなく，過度に情緒的だと思われたりする。このように，妊婦の身体は，妊婦を見る者（クライエント）の元々の原始的な不安を刺激する。

　第 2 に，Raphael-Leff は，妊娠した女性が「生殖に関する神秘」に取り組んでいることに言及している。「生殖に関する神秘」とは，すなわち，正常性，創造性，破壊性といった主題を含む「生成（formation）」の不安，自分の内側から知られ，占領されるという「コンテインメント（containment）」の不安，そして，胎芽や胎児を維持し，守り，養い，育てる能力にかかわる「保存（preservation）」の不安，そして，"種"が赤ん坊に変化すること，身体的液体が乳汁に変化すること，空想が現実に変化すること，娘が母親に変化するといった「変形（transformation）」に関する不安，最後に，流産の危険，喪失の不安，内的な消耗，出産そのものに対する理解などの「分離（separation）」についての不安である。妊

娠したセラピストが，こうした「生殖に関する神秘」に取り組んでいるというこころの状態が，無意識的にクライエントに伝達される可能性があると，指摘している。

　第3に，クライエントが妊娠したセラピストに与える衝撃について，特に，過敏なクライエントがセラピストの内界に侵入的に投影するため，セラピストに防衛的な歪みが生じることや，絶え間なくクライエントが持ち込んでくる全てのことにセラピストが晒されていること，それらに対するセラピストの感受性について，考察している。

　確かに，筆者の臨床経験に照らし合わせても，妊婦としてのセラピストは，聖なるものや邪なものとして見られたり，脆弱なものや強大なものとして見られたりし，その像が両極端になりやすい。クライエントの内的世界が元々，良い－悪いを分裂している場合，一人のクライエントの中で，セラピスト像がより激しく揺れ動くことにもなり得る。また，Raphael-Leff が2つ目に挙げた点は，病的な逆転移を含む広義の逆転移に関する問題であり，筆者が問題意識に掲げた主題に近い。妊娠したセラピストは，日々，大きくなる胎児を文字通り抱えながら，構成・コンテインメント・保存・変形・分離の不安に意識的・無意識的に取り組んでいく。セラピストが出来る限り自己開示しないように努めたとしても，セラピストのこころは無意識的に大きく変化しており，そうした人間と一定の設定の中で会い続けるクライエントのこころの中にも，大きな影響がもたらされるはずである。セラピストの無意識的変化と，クライエントの無意識的空想の関連性について，考えていく必要があることが示されているように思う。3点目の指摘は，日本の研究で，既にセラピストの罪悪感として議論されている問題の裏側かもしれない。すなわち，セラピストが妊娠によって脆弱になっていることだけではなく，クライエントの侵入性や攻撃性がセラピストを防衛的にしている，という相互性の問題としても考えられることを示している。

2) Zeavin 『知ることと，知らないこと：分析家の妊娠』

　先行研究では，クライエントがセラピストの妊娠について「知ること」と「知らないこと」（知らないようにしておくことも含む）を巡る議論が活発であるように見受けられる。これは，ある決定的な事実（命の誕生，あるカップルの性関係など）について，クライエントがどのような態度をとるかが表れるからではなかろうか。この問題について詳細な事例検討を行ったのが Zeavin である。

　Zeavin（2005）は，分析家の妊娠に対して，クライエントが「知ること」と「知らないこと」の間で経験のあり方が揺れることについて，そしてそうした経験の背後にある「思考の過程」について検討した。これらの主題は，精神分析的な治療の中に偏在するものだが，セラピストが妊娠した時，特に要求される課題となるという。

　つまり，Zeavin によると，セラピストが妊娠した時，セラピストの態度や身体，服装など，何らかの変化をクライエントが知覚しているのは確かであり，この知り得た感覚をクライエントがどのように扱うかが，クライエントの象徴的思考能力のありようを表している。そして，この能力は，分離や喪失，他者のセクシャリティ，究極的にはエディプス・コンプレックスに耐え，探索することができる力につながっているというのである。

　Britton（1998 ／ 2002）は，「知識本能（epistemophilic instinct）」が，他の本能とは独立したものであることを強調し，「知りたいという欲求は，愛情や憎しみと並列して存在している。人間は，愛し，憎み，知りたいという衝動をもち，愛されたいと願い，憎まれることを恐れ，理解されることを望むものである」と述べた。知ることは，信じることとは異なるし，見ることも，それとは違っている。精神分析では，その人の信念と真実の間の相違をみつけていくことが，一つのワークスルーとなる。

　また，現代クライン派では，エディプス・コンプレックスと象徴的な思考能力が関連しているという考えを練り上げてきた。Feldman（1989）は，

「エディパルなカップルを空想することは，クライエントが，思考と感情の連結を創造するために，自分のこころを使用することができ，そのような連結の結果がもたらす不安に耐えられるありかたに深くかかわっている」と述べている。そして「もしクライエントがエディプス・コンプレックスを比較的健康に乗り越えるなら，クライエントは，性交すなわち創造的活動の，内的なモデルをもつだろう」が，奇怪なまたは支配的で破壊的なカップルがつがっているという無意識的空想を持っている場合，思考作用は傷つき，倒錯的で，著しく抑制された形になるだろうとも述べている。

　Zeavin は，Britton と Feldman の見解を発展させ，セラピストの妊娠という状況は，早期エディプス状況を蘇らせるが，クライエントは，クライエントと分離している性的な対象としての分析家とどのように向き合うのかが問われるという。すなわち，他者の他者性を受け入れ，分離に耐え，両親の関係性から疎外されていることを知り，愛しながら同時に憎んでいることに耐える——そういうことへのもがき，抑うつポジションにかかわる問題であるとしたのである。

　Zeavin が詳述した事例では，治療経過中にセラピストが 3 回の妊娠と出産をした。クライエントが 5 歳の時，クライエントの母親は乳ガンを発症して両方の乳房切除手術を受けたが，クライエントが前思春期と青年期の頃に再発した。A は，自分が貪欲に乳汁をほしがったことが母親の身体を傷つけたのではないかと空想したり，母親と離れて学校に行くのを怖がったりする子どもであった。頭が良いのに読字に問題があったのは，情報を取り入れること，つまり，自分に知る能力があることを恐れていたからだろう，と Zeavin は考察している。治療を通じて，自分が女性的に成長すると，母親が女性的に弱っていく，という経験が積み重なっていることが明らかになっていった。

　治療を始めて 1 年後，クライエントの母親が他界したのと同時期に，セラピストの妊娠が判明した。1 回目の妊娠は，クライエントに，セラピス

トの性的な関係性を見せつけることになり，「セックス＝ガン＝死」という恐ろしい方程式を浮かび上がらせた。彼女は，両親が寝室に居る間にやっていたドールハウス遊び——それは，人形を使わず，強迫的に家具を再配列し続けるような遊びだった——のように，分析でも特定のやり方で知覚を統制した。それぞれの要素を離して，自分の世界を情緒的にも知覚的にも見知ったものにし，圧倒されないようにしたのである。

　2回目の妊娠では，セラピストが妊娠を告げる前から，クライエントは面接室と両親の寝室を同一視し，面接開始時にセラピストの邪魔をしたと感じ，嫉妬や居心地の悪さを訴えていた。クライエントが，手術後の母親の身体を見るのが不安だったと長々と話し，妊娠6カ月を過ぎてもセラピストの妊娠に触れないので，セラピストは「あなたは，私の妊娠を見ることができないのですね。私があなたの役に立てないと思うと出てくるさまざまな嫌な感情を抹消したいのですね」と解釈した。彼女が「私は分かってる！あなたは本当は妊娠してない！」と言い張ったのは，妊娠とガンへの罹患を無意識的に混同していたためだと，後に明らかになった。

　そして，分離の問題に取り組んだ結果，「あなたは妊娠して子どもがいる。私はあなたの家族じゃないから。"妊娠しないで。あなたの赤ちゃんや恋人や夫になりたい，あなたが妊娠するかどうかを決める人になりたい"とは言っちゃいけないのね」と言った。そうして，手術で切除された母親の乳房や，ガン治療で禿げた母親の頭を見た時，あまりにも恐ろしくて，自分が見たことを信じられず，白昼夢を好むようになったという洞察に至った。

　クライエントは，セラピストの3回目の妊娠を，母親を死に至らしめた3度目の発症時の衝撃体験と重ね「2回目が最後だと思っていたのに」と言った。そして不運にも，街中で，赤ん坊や夫といる産休中のセラピストと出会ってしまった。それがきっかけで，1年間分析を休んで郷里に帰り，治療に戻ってきた彼女は，「私は，母親がどんな治療をするか，セラピス

トがどんな出産をするかに関われなかった。私は，とても影響を受けたけど，無力で重要な役割を担えなかった。分析で思い知った一番苦痛なことは，あなたにとって私はそうでもないけど，あなたは私にとって重要だということよ。お母さんもそう。お母さんは死んで，私は残されてしまったわ。辛い……」と語った。

　Zeavin のこの治療における成果は，クライエントがここに至って，自分がセラピストのパートナーでも子どもでもないこと，そうして，母親を助けることもセラピストの出産に関わることもできなかったことを思い知ったが，それと引き換えに，母親とセラピストを本当に大切に思い，愛していたという実感をもつことができたことだと言える。クライエントが「知らないようにしていた」ことが，「真に知ることができる」までの苦闘には，エディプスカップルのなかに自分をどう位置付けるかという主題が含まれていた。

3）Yakeley 『見ること，映すこと，願うこと：分析家の妊娠した身体がクライエントのボディイメージに及ぼす影響』

　Yakeley（2013）は，若い男性と女性の症例を挙げ，妊娠した分析家の身体とともに居ることによって，妊婦を見ているという視覚的体験やその情緒的体験が，クライエント自身の実際の身体に対するイメージや主観的体験に与えた影響について論じた。Yakeley によると，セラピストの妊娠は，クライエントのボディイメージに変化をもたらす治療的な扉である。クライエントの身体的反応，感情状態や夢，セラピストの逆転移は，セラピストの妊娠に対するクライエントの無意識や「副象徴的（subsymbolic）」な気づきであるとされ，それらが，徐々に転移関係の中で言語化され，理解されていくというのである。そうして「外面を見ること（external seeing）」は徐々に「内面を見ること（internal seeing）」や無意識的空想の洞察になっていくと主張した。

　慢性の抑うつ気分を主訴に分析を求めた医学生の Mr. A の事例を挙げる。彼の母親は Mr. A が女児でないことに落胆し，すぐ妊娠して，そうして生まれた妹を可愛がった。父親は出世を求めて不在がちで，Mr. A は，母親のスカートを握り締めて分離を拒む，女々しい子どもだった。思春期，彼は男友達が異性に関心を持ち始めたことや，自分の身体の変化に動揺し，さらに父親の浮気による両親の離婚で傷ついた。彼は，大人になっても，交際相手と性的関係が持てず，魅力的な女性にセクシャリティを見せびらかされていると感じ，苦しんだ。

　彼はセラピストを見るのを避け，硬い姿勢でカウチに横たわった。分析が始まって2年後，セラピストは妊娠したが，妊娠4か月目，彼はその妊娠に気づかないまま，夢をみた。「彼は，親しい女友達とプラトニックな関係を楽しんでいた。小高い丘で幸せな気持ちで近づいたところ，突然彼女が，妊娠しているというので，彼はショックを受け裏切られたと感じた。しかし彼女は，人工授精の新しい方法による妊娠で，男性は関与していない，と彼を説得した。」

　この時，セラピストは自分の妊娠を伝えなかった。しかし彼は，おそらく無意識的にセラピストの妊娠に気づいていたと思われ，指を吸ったり，幼い頃の自分を母が「活動的で食べるのが大好きな貪欲な子だった」と言ったことを思い出したりした。女性にやたらと触れたりキスしたりして「彼女たちの中に入り込みたいと思うくらいだ」とも話した。

　セラピストが，妊娠6カ月時に妊娠を告げた時，彼は見るからにショックを受け，カウチに寝ていた身体をビクッと動かした。彼は，セラピストが妊娠するなんて全く思ってなかった」と言い，彼を退治するために故意に妊娠したのではないかと思ったり，セラピストを無視しようとしたりした。セクシャリティを見せびらかす女性が嫌いだと話す彼に，セラピストが転移解釈をしたところ，彼は認めて，彼女のクライエントであることが恥ずかしくて困惑していると話した。その頃，セラピストは，セッション

中にお腹を蹴る胎児が，まるでクライエントを押し出し，スペースを満た
そうとしているように感じていた。

　クライエントは，バラバラになりそうで出産休暇を生き残ることができ
るか心配だと常に訴えていたが，それはおそらく，彼の攻撃性が分裂排除
され，現実を感じることができなかったためだろう。

　しかし，出産休暇復帰の5カ月後，彼は，以前は抑え込んでいた怒りや
攻撃，嫉妬をセラピストに見せられるようになっていた。彼は，友人に，
セラピストが産後の大出血になればいいのにと冗談を言ったと分析で報告
した。そして，年度末の試験で，他の実務試験は優秀だったが，産科学と
婦人科学の試験で，「女性ダミーの子宮頸管の塗抹標本を採り，子宮を調
べなさい」と言われた時，頭が真っ白になり，子宮とは一般的にどういう
ものなのかすら，わからなくなってしまったという。セラピストが，「そ
れは，一般的な子宮ではなくて，あなたが破壊したいと思っていた私の子
宮とその中身だったのでしょう」と転移解釈すると，彼はとても驚き，そ
して，父親が母親との性生活に満足できずに不倫をし，また母親も不倫し
ていたのを恥じていたことを連想した。さらにクライエントは，セラピス
トが彼を置いて別の男性や赤ん坊とともにいることに，嫉妬し激怒してい
ることに直面した。彼は，セラピストの出産前，自分が原因で流産や早産
するのではないかという不安（または願望）があることを恐れていたのだっ
た。これ以降，彼はより，男らしい身なりや姿勢になり，自分の身体に対
する見方も変わっていった。

　このように，Yakeley（2013）は，妊娠したセラピストの身体を見ると
いう経験が，歪んだボディイメージをもつクライエントに対して及ぼすさ
まざまな影響に注目している。また，出産休暇からの復帰後の分析過程が
重要であることも強調している。

Ⅳ　セラピストの妊娠がセラピストに及ぼす影響

　これまで，セラピストの妊娠がクライエントの無意識に及ぼす影響に関する先行研究をまとめてきたが，第 1 章で述べたように，現代精神分析において，セラピストの逆転移を吟味してクライエントのこころを理解していくという方法が主流となっている以上，セラピストの妊娠がセラピストに及ぼす影響についても考えねばならない。妊娠にまつわるセラピストの逆転移は，クライエントが投影同一化によって投げ込むものだけでなく，セラピスト自身が抱く狭義の逆転移も当然含まれているからである。それゆえ，妊娠によってかきたてられやすいセラピスト自身のこころのあり方を知っておくことは，逆転移を利用してクライエントを理解することの基盤となりうる。

　第 1 に，Penn（1986）も強調するように，妊娠したセラピストが自分の妊娠に対する反応をモニタリングすることはきわめて重要である。Nadelson ら（1974）も指摘するように，妊娠中のセラピストは生理的・情緒的に脆くなっているという感覚が高まりやすい。吐き気や疲れやすさなどの生理的反応により，セラピストの注意が自分自身の身体に向きやすいため，治療への集中力が低下してしまう。また情緒的にも，妊娠後期の「原初の母性的没頭」（Winnicott, 1965 ／ 1977）によって，自我の関与やリビドーがクライエントや心理療法から撤退することも起こり得る。さらに Penn（1986）は，妊娠したセラピストが，胎児と身体を共有するという経験によって，身体の境界感覚が減じ，ある種のクライエントが持っている共生的欲求への感受性が高まり，防衛的に距離を取るか，クライエントに共感しやすくなる，と指摘する。上別府（1993）は，それらに加えて，私的事情で治療を変更すべきでないという超自我と社会文化的背景による罪悪感などを挙げている。

　また，複数のセラピストが指摘するのは，アイデンティティや役割の変

化に対する反応である（Fallon & Brabender, 2003；Penn, 1986）。特に第1子の妊娠時には，馴染みのある，セラピストという専門家アイデンティティに，母親というアイデンティティや役割を統合するのが難しいことが多い。そうした不安や戸惑いは，クライエントの不安や心配と共謀しやすいという。セラピストは，概して自身の妊娠のクライエントへのインパクトを否認したり軽視したりする傾向があるが（Penn, 1986），それによって，微かな転移的コミュニケーションや原始的な転移素材が探求されないまま見逃されたり，差し迫る休みに関わる転移解釈のみに終始する恐れもある。

　これまで強調されてこなかったことだが，筆者は，妊娠・出産によって，まぎれもなく動物の一種であり，本能や生理的な機能で動いているメスであるという自分を実感し，そうした体験がセラピストとしての姿勢に大きな影響を及ぼしたと思う。妊娠の経過は，妊婦の努力やコントロールを越えたところで進むものであり，細心の注意を払ったとしても，胎児側の素因や母子の相互作用，環境などの種々の要因によって，予測不能の事態を招くこともありうる。例えば，身近な現象として悪阻という症状がある。発生の強さや時期に個人差があるものの，悪阻が酷くならないように食べ物を常備したり，睡眠を多くとって生活リズムを整えたりするなどの工夫をもってしても，完全に避けたり予防したりすることはできない。耐えがたい吐き気，頭痛，倦怠感の中で，這うようにして職場に着くと，不思議と悪阻が収まったということもあるが，吐き気を抑えながらクライエントと向きあうこともなかったわけではない。流産や切迫流産，早産や切迫早産，妊娠高血圧症候群などの危険も同じく，妊婦であるセラピストが完全にコントロールできるわけではない。妊娠したセラピストは，治療前や治療中にトラブルが起き，面接をキャンセルしたり中断したりするという危険やそれらに関する不安と常に隣り合わせである。ましてや，陣痛の発生は，胎児自身が決めるタイミングだとしか言いようがない。

　こうした一連の経験は，筆者の治療に対する姿勢を大きく変えた。一回

一回のセッションを大切にし，そのセッションで出来得る限りのことを行うが，それ以上の力は自分にはない，ということを痛感したのである。裏を返せば，筆者は妊娠・出産を経験するまで，治療経過について責任を持つということを，「自分が何とかする」といったように考えていたところがあったように思う。しかし，治療経過について責任を持つということは，「自分の限界においてできる治療を行い，そこで起きた失敗やアクシデントを認め，引き受け，クライエントの空想やこころに役立てるように努力すること」ではないかと考えを改めざるをえなかった。

　加えて筆者が，妊娠したセラピストが，自分自身と治療経過について検討すべきであると考えるのは，逆転移に含まれるものではあるが，特に「転移に対する逆反応（counterreactions to transference）」（Penn, 1986）と呼ばれるもので，セラピストに不安を喚起させるような，クライエントの原始的な転移反応を，セラピストが回避し否認することである。セラピストが，自身の妊娠に対して過剰な罪悪感を持つことで，転移的な要素を見逃してしまうことも，クライエントが否定的な反応を起こした時に怒りが生じることも，この現象の一つである。これによって，セラピストは無意識的に，クライエントが治療を止めることに共謀してしまうことすらある。さらには，セラピストが，クライエントの持っている強い不安や怒りに過剰に同一化して，幼少期に母親や同胞に持っていた自分自身の感情体験をクライエントに投影してしまうという危険すらある。セラピストの「転移に対する逆反応」としての回避や否認は，一般的によく起きているように見受けられる。こうしたあり方は，セラピストやクライエントを痛みから一時的に保護する慰めにしかなっておらず，治療プロセスの促進にはなっていないと言わざるを得ない。

　一方，Raphael-Leff（2004）が述べたように，妊娠したセラピストは，「生殖に関する神秘」に取り組んでおり，「生成」，「コンテインメント」，「保存」，「変形」，「分離」などを主題とした不安に関わっていると考えられる。

セラピストが，生や性，死といった，人間の根源的かつ実存的な問題について，意識的・無意識的にそして身体的にも取り組んでいるということが，無意識的にクライエントに伝えられ，クライエントの生や性，死の問題に対する感受性を活性化させる面がある。非常に大きな，そして，どんな人間であっても関わりのある主題であるため，その影響力は大きい。クライエントの病態水準によっては，非常に過酷な体験となるかもしれない。だが，心理療法という営みを突き詰めれば，こうした問題に取り組まざるを得ないことを踏まえるなら，クライエントとセラピストが，セラピストの妊娠について起きた現象について考え抜き，実りある仕事ができた時，クライエント自身のこころのあり方も大きく変わることが考えられる。

V　先行研究のまとめと課題

　セラピストの妊娠というインパクトは甚大であり，セラピストの妊娠中に来談をやめたりアクティング・アウトで反応したりするクライエントも多い（Fenster ら 1986）。にもかかわらず，多くの先行研究は，分析状況が適切に維持できれば，セラピストの妊娠が治療に有益な効果をもたらすと述べている（Etchegoyen, 1993；Nadelson ら 1974 他）。

　というのも，本章で概観した先行研究から分かるように，セラピストの妊娠は，精神分析的心理療法の中で普遍的に重要な問題として扱われる主題が，劇的に，そして大きな困難を伴った形で現れるからである。それは例えば，「分離不安」，「羨望・競争心」，「セクシャリティ・嫉妬・エディプス関係」，さらには Raphael-Leff（2004）の挙げた「生殖の神秘」などである。もちろん，全てのクライエントに同じような主題が生じるわけではないが，従来そうしたテーマを抱えていたクライエントが，セラピストの妊娠という事象をきっかけに，それらの問題に取り組むようになることは，決して珍しいことではない。

　ただし，妊娠したセラピストは，自身も個人的に大きな課題に向き合っているため，こうした主題の現れ方を理解して治療空間を維持することが著しく困難である。よって，理論的にも技術的にも，さらなる議論が必要である。

　本章でレビューした先行研究を総合して考察してきたことから，妊娠したセラピストが，心理療法を治療的に維持するために必要なことは，概ね「クライエントの転移反応を理解すること」「クライエントの自己探索を促進すること」「逆転移をモニタリングし，それを利用すること」の 3 点に集約されることが浮き彫りになったように思われるので，ここでまとめてみたい。

　まず，「クライエントの転移反応を理解すること」についてであるが，セラピストの妊娠に関する転移的な反応は，直接的なものではなく，むしろ，クライエントが面接に持ち込む素材に，間接的または遠回しな形で表れることが多いようである。クライエントは，無意識的にセラピストの妊娠に気づき，「夢」や「隠喩」の形式を用いて何らかの反応（気づかないという反応も含める）をする。例えば，Penn（1986）は，上の空のセラピストと面接している夢や，育児放棄，競争，喪失，裏切りといった主題を含んだ，日常的な話題を語った事例を紹介している。これらを丁寧に取り上げて転移解釈を行い，クライエントのこころを理解していくことは必須である。しかしながら，先行研究にもたびたび見出せるように，妊娠したセラピストたちは，罪悪感のために，こうした対応が難しくなってしまうのである。逆に，もしセラピストの妊娠がクライエントの空想にもたらす影響を，セラピストがこまやかに理解することができるなら，そうした罪悪感を乗り越え，転移の在り様を考察し，治療の全体状況を理解することが可能になるのではないだろうか。そのためには，スーパーヴィジョンなどを活用し，クライエントの意識的・無意識的な表現について綿密に検討することが必須となるだろう。第 3 章では，クライン派精神分析の知見

をセラピストの妊娠・出産をめぐる事象に応用するという視点で，この課題に取り組んでいく。

　そして，セラピストがクライエントの転移を理解することは，「クライエントの自己探索を促す」原動力となる。これは，通常の精神分析的心理療法における基本でもあるが，クライエントは，セラピストが，クライエントの無意識の情動を正確に理解し受け止め，それを示した時に，さらに自分自身の内界を探索する勇気を得るものである。やはりクライエントは，妊娠した女性を前に，自らのありのままの感情，特に否定的な感情を表出することに尻込みしてしまうことが多い。それは，Raphael-Leff（2004）が述べるように，世界共通の妊婦に対する態度，すなわち超自然的なものへの畏れや，脆弱なものに対する思いやりや近づけなさ，または分別のなさの象徴への侮蔑に由来するかもしれない。クライエントが自己探索を推し進めるためにはまず，セラピスト自身が，この状況をクライエントの自己探索に還元することで治療的に乗り越えていくのだという強い意志と治療的見通しを持つ必要があるだろう。セラピストは，自分の人生上の出来事を心理療法に持ち込んでしまったかもしれないが，その事実をクライエントがどのように意味づけ，どのように理解し，どのように適応していくのかは，クライエントの自由である。それがたとえ過酷な試練であったとしても，セラピストの妊娠という事実がなくなるわけではない。むしろ，クライエントが連想したり，エナクトメントしたり，アクティング・アウトしたりすることについて，その意味を理解し，それを解釈として伝えるという営みのなかで，クライエントの心理的な仕事にできうる範囲で応えていくのが，心理療法家の仕事であろう。この態度の対極にあるのは，クライエントに対して罪悪感を持ち続けることで治療状況について本当に考えるのをやめてしまうこと，クライエントに対するセラピストの妊娠の影響を過小評価することなどである。

　最後の，「逆転移をモニタリングし，それを利用すること」は，これま

で日本の先行研究で十分議論されてこなかった課題である。セラピストが妊娠して，罪悪感や不安を感じやすくなるのは，当然のことである。しかし，セラピストの逆転移はクライエントの無意識的空想を理解するために欠かせない手段の一つでもある。こうした感情を吟味し，治療の流れの中での意味を熟考し，また，そうした感情とクライエントの無意識的空想との一致や不一致を丁寧に考える研究は，まだ少ないように思われる。筆者は，本論文の第 4 章と第 5 章で，この問題に取り組んでいく。

　これらの 3 つの論点はいずれも重要であり，それぞれが重なり合っているように思われる。セラピストの妊娠が治療的な危機であるのは確かであるが，それが浮かび上がらせる，クライエントのこころの在り様を，どのように治療的に扱うことができるか，具体的な事例を素材として詳細に検討していきたい。

第3章

セラピストの妊娠をめぐる
無意識的空想の諸相
————フロイトおよびクライン派精神分析による理解————

　人間は誰しも，自分自身がこの世に生を受けた，その源に「性」があることを，いつか何らかの形で知ることになる。そして「性」にまつわる無意識的空想は，陰に陽にその人の人生観や生き方に影響を及ぼしている。

　本章では，精神分析，特にクライン派精神分析の知見に当たることによって，人々の無意識に眠っている妊娠や出産を巡る空想の諸相やその力動的な意味について探究し，考査していく。そうして得られた知見を，セラピストの妊娠や出産をめぐる問題を考察する際に適用したい。

　ボーダーライン・パーソナリティ障がいのクライエントが，セラピストの妊娠を感知しやすい（Deben-Mager, 1993）という現象は，幼い子どもが自分の母親の妊娠にいち早く気づくという現象に類似しているように筆者には思われる。すなわち，自他が未分化な子ども（クライエント）は，母親（セラピスト）の何らかの心理的・身体的な変化に対して，母親という対象を自分が独占できなくなるということ，母親が自分とは別の（性的な）世界に生きているということ，母親が自分にはない豊かな能力を持っているということを，非言語的に察知するのである。

　本章では，まず精神分析の祖 Freud, S. が，子どもが母親の妊娠についてどのような空想を持っていると考えていたのかを概観する。その後，幼

い子どものこころをいきいきと描き出し，現代精神分析の大きな潮流を生み出した Klein の児童分析の記述を手掛かりに，クライエントのこころの深部にある強い不安と「赤ん坊」空想との関係について考察したい．さらに，現代クライン派精神分析の理論を用いて，セラピストの妊娠という事象が心理療法にもたらす影響について検討し，こうした事態に，創造的および生産的に取り組んでいく援助の手法を探っていきたい．

I 子どもは母親の妊娠をどう体験するのか —Freud, S. の探求—

　Freud, S. は，小さな子どもが，母親の身体や妊娠・出産の様子をきわめて鋭く観察し，さまざまな空想を展開していることを，複数の論文の中で記述している．

　Hans 少年は，馬に噛まれたり蹴り倒されたりすることを恐れて外出することができないという恐怖症症状を持っていた．Hans の父親が Hans と分析的会話を行い，Freud, S. がそれをスーパーヴァイズする形で父子を支えた（Freud, S., 1909b ／ 2008）．Freud, S. は Hans の分析を，『性理論のための三篇』（1905d ／ 2009）の小児性欲についての理論的主張の裏付けとした．分析的会話を通して，Hans の症状には，妹 Hanna の誕生や去勢不安が関連していることが判明していくのだが，こうした Hans の生や性を巡る感情や空想をここで検討する．

　5歳で治療を始めた Hans は，妊娠5カ月の母親とグムンデンに旅行に行った頃（筆者註：おそらく3歳頃）のことを，妊婦である母親と旅行し Hanna はまだ生まれていなかったにもかかわらず，「Hanna は大きな箱の中でグムンデンへ旅行したの」と回想した．その箱は，後にコウノトリの箱と意味づけられ，通りを走る乗合馬車や家具運搬馬車がコウノトリの箱を運搬すると考えた彼は，それらの馬車を怖がるようになった．

　Hanna 誕生の日，3歳半だった Hans は，早朝から陣痛の唸り声を出す母親や，助産師の所作，ベッドに寝ていた母親のお腹が Hanna を産んだ後には大きくなかったこと，部屋に残された血の混じった水の入った容器などを観察するうち「コウノトリが赤ちゃんを連れてくる」という両親の話と辻褄が合わないことに気付いた。そうして，彼はコウノトリが Hanna を運んできたのではなく，母親のお腹の中から「うんこ」のように出てきたのだと考えた。そのため彼は，重い馬または重い荷物を積んだ馬が転倒する場面が分娩場面のように見えて恐ろしくなったのだ，と Freud, S. は考えた。

　Hanna の誕生後，世話を後回しにされたせいか，Hans は扁桃腺炎に罹り，熱に浮かされて「妹なんてほしくないよう！」と叫んだ。「コウノトリにはこれ以上子供を連れてきて欲しくない，子供たちのいる大きな箱からこれ以上連れてこないようにお金を渡さないといけない」とも話した。Hans は，このように妹の出産をきっかけに，父母の性関係への好奇心，去勢不安，子どもの誕生の神秘，妹への攻撃衝動など，さまざまな感情や衝動に向き合っていくこととなった。

　Freud, S.（1917／2010）は，「『詩と真実』の中の幼年期の思い出」でも，子どもにとって，母親の妊娠がどれほど衝撃的で，攻撃的な感情を賦活するものであるかを提示した。Freud, S. は，自分の患者が話した，長子が手の届く限りの食器を家から外へと投げ捨てた，というエピソードが，偶然にも Goethe の自伝にもあることを知り，次のような考察を展開した。

　母親の妊娠によって不安定になった上の子どもが，家の中の重たいものや割れるものを窓から外に放り投げるという行為は，ただ壊せばいいと思ってしているのではなく，窓の外に放り出す，すなわちコウノトリが運んできた窓から外へ出すことが重要である。重たいもの，すなわち，母親の身重の身体を放り投げる行為で，母親への怒りを表してもいる。Freud, S. によると，食器を投げ捨てる行為は，子ども（Goethe や患者たち）が，

邪魔をする侵入者を取り除こうとする欲望を，力強く表した象徴的な行為，呪術的な行為である。Freud, S. は，同じ論文の中で，Hug-Hellmuth が提供した2事例も参照している。パン生地伸ばしの重い棒，すりこぎ棒，父の重い登山靴を4階の窓から通りへと投げつけた3歳4カ月の男の子は，母親が妊娠7〜8カ月で流産すると，そのような行動を全くしなくなった。また別の19歳女性患者の事例では，2歳半下の弟が生まれた日，誰も患者をかまってくれなかったため，患者は，父のお気に入りのグラスを机から投げたり，何度も洋服を汚したり，朝から晩まで機嫌が悪かったりしたことを回想した。

　これらの Freud, S. の論考から読み取ることができるのは，幼い子どもたちが，生命誕生の神秘に並々ならぬ関心を持っており，その真実が両親の作り話で隠ぺいされていることを，無意識で感じ取っていることである。さらに，こうした子どもたちには，生まれてくる赤ん坊への強い攻撃性と，追い出したい衝動が高まっている。

　子どもの空想に関するこのような Freud, S. の見解こそ，筆者が第1章で Klein と類似していると示したものに他ならない。つまり，これらの事例で示された子どもの行為が示す空想は，偽装された無意識の願望ではなく，生命の誕生に関する子どもたち自身の生々しい仮説の現れで，コウノトリの箱の中や家の中にある赤ん坊を恐れたり，追い出そうとしたりする試みは，この後に概観する Klein のプレイアナリシスでの子どもの振る舞いと深く関連している。すなわち，大切な対象の内部に憎むべき何かがいることを察し，必死でそれを取り去ろうとする気持ちになることである。Meltzer（1978 ／ 2015）も，狼男症例（Freud, S., 1918b ／ 2010）の記述から，Freud, S. が内的対象の内部空間という発想を持っていたと推察している。しかし，Freud, S. は，母親の妊娠やその背後にある子どもの原初的な不安について，理論的な考察を発展させることはなかった。

II　母親の胎内に関する空想　—Klein の探究—

次に，Klein のプレイアナリシスの事例を概観し，そこから Klein が提唱した「フェミニン・フェイズ（feminine phase）」という特別な時期についての定義と意義をまとめる。それによって，Klein が母親の胎内空想について考えていたことを詳らかにし，セラピストの妊娠という状況について，クライン派精神分析が貢献する理論の道筋を探る。

1．Klein のプレイアナリシスから

Freud, S. が示した Oedipus Complex の重要性が認められつつあった 1910 年代，3 人の女性が，子どもを対象にした精神分析実践に着手した。先駆けは Hug-Hellmuth であったが，彼女は 6 歳未満の子どもを対象としない上に，絵や遊びを分析の材料にすることはあっても，それを特殊な技法に発展させることはなく，ごく控えめに解釈を行うという原則で治療を行っていた（Klein, 1955 ／ 1985）。Klein は 1919 年に初めてプレイアナリシスの症例をもち，Freud, A. も Klein とほぼ同時期に実践を始めた。

第 1 章 I 1 で触れたように，Klein と Freud, A. のプレイアナリシスの方法論は全く異なっていた。Freud, A.（1946 ／ 1961）は，超自我が内在化されていない 5 〜 6 歳までの子どもは，現在も親からの現実的な影響を強く受けているため，転移を形成することはなく，精神分析に適していないので，セラピストとより良好な関係を築く「準備期」が必要であり，教育的なアプローチも含めるべきだと主張した。

それに対し，Klein のプレイアナリシスの特徴は，「無意識の探求」のために「転移の解釈」という方法を用いるという精神分析の原則を，子どもとの臨床実践に忠実に反映させたことであった。Klein は，子どもの遊びを大人の夢や自由連想で示される素材と同等のものと見做した。そのため，Klein は，幼い子どもも分析対象とし，転移や攻撃性を自由に表

現できる治療環境を用意し，積極的に転移解釈を行った。Klein（1932／1997）の『児童の精神分析 The Psycho-Analysis of Children』には，そのような分析での子どもの様子や，分析で得られた斬新な知見が生き生きと描かれている。Klein の報告したこれらの症例より，母親の胎内に対して子どもたちが抱いている空想とその現れを概観する。

1) Rita

Rita は生まれてしばらく母親を好んでいたが，1歳頃になると，母親に嫉妬して父親の方が好きになり，父親と二人きりの部屋で，膝の上で本を見たいと繰り返しせがんだ。1歳半頃には，また母親を好きになって父親を嫌い，夜驚症と動物恐怖に苦しみ始めた。2歳で弟が生まれ，だんだん扱いが難しくなり，2歳9カ月で Klein の分析を受けることになった。Rita には，重い強迫神経症や夜驚の他に，動物恐怖，抑うつや不安を伴う気分発作，欲求不満に耐えられない，遊べないなどの症状があった。

Rita は，2歳前から小さな悪事に対して強い自責感を持つ傾向があり，非難に敏感な子どもだった。そして，2歳頃から就寝時に長時間，強迫的な儀式を行った。布団でしっかりと自分を包み込まなければ，窓から「ネズミかブゼン Butzen」が入って来て，彼女のブゼンを噛み切ってしまう，と恐れていたのである。

そんな Rita は，分析で「私は人形の母親じゃない」とただ宣言するだけで人形遊びができなかった。あるセッションで，Rita は人形用のベッドにおもちゃのゾウを置いた。そのゾウは，その人形が目を覚まして両親のベッドルームに行き，両親に何かをしたり，両親から何かを取っていったりすることから守るという役割であった。

Klein は，分析での Rita の様子と，Rita が2歳近くまで両親と寝室で寝ていたことから，Rita が原光景を目撃したと結論づけた。Rita は，1歳3カ月から2歳までの間（筆者註：おそらく母親の妊娠中），父親との関係

における母親の地位を奪いたい，母親の身体の中にある子どもたちを奪いたい（幼い弟（人形）を盗み出したい），父母を傷つけて去勢したい（父のペニス（ブゼン）を噛み切りたい），と感じたが，その処罰として，彼女自身の性器（ブゼン）が父親によって噛み切られるかもしれないと思い，自分の攻撃性を抑えるために布団に包み込まれる必要があった。そのため，夜驚症や不安発作などの症状が発生し，遊びが抑制されていたと Klein は考えた。

2）Trude

　3歳9カ月の Trude は，夜驚症で Klein の治療を受けていた。Trude は，分析の中で，夜，Trude も Klein も眠っているという設定のごっこ遊びを好んだ。そこで彼女は，Klein の喉を突き刺す，窓から放り出す，Klein を丸焼きにする，警察に連れて行くなどのやり方で Klein を脅した。また，Klein の足を縛ろうとし，ソファのカバーを取って「お尻のうんちを見てるの making po-kaki-kucki」と言った。それは，母親の「お尻 popo」の中を覗き込み，「うんち kakis」すなわち子どもたちを捜すという意味だということが分かった。また，Klein のお腹を叩きたがり，「うんち a-a’s を取り出してすっからかんにするの」と言うこともあった。Trude は「子どもたち」と呼んでいたクッションを使って身を隠し，びくびくした様子でしゃがんで，親指を口にくわえておもらしをした。すなわち，性交をしている両親へ攻撃をした。それは，2歳前にひどい夜驚症が始まった時，ベッドで彼女が取った態度と殆ど同じだった。

　この分析から Klein は，2歳で次子が誕生した Trude の心の中に，妊婦の母親から「胎内にいる赤ん坊」を奪い，母親を殺害し母親に代わって父親と性交したいという願望があることを見出した。Trude は，母親からこの願望のせいで報復されないかと強く恐れていたのである。

3）Ruth

　Ruth は，母親や姉に強く執着し，見知らぬ他者に対して強い不安を示す4歳3カ月の女児であった。あまりに不安が高く Klein と二人きりになれなかったので，姉と一緒に分析に臨んでいた。

　分析で Ruth は，大きなコップと小さな丸いボールと蓋のようなものを描き，「ボールが外に転がり出ないようにするの」と言った。姉のバッグもくまなく調べ「何も落ちないように」しっかり閉め，財布も同様にした。Klein が「コップの中のボールも財布の硬貨もバッグの中にあるものも，全部お母さんの中にいる子どもたちなのね。もうこれ以上弟や妹が出てこないように，しっかりと安全に閉じ込めておきたいのね」と解釈すると，Ruth はそれまで無視していた Klein に初めて注意を向けた。

　姉が病気で分析に同席できなかった日，Klein が赤ん坊に見立てた人形を眠らせ，横に濡れたスポンジを置くと，Ruth は泣きながら「子どもは大きなスポンジを持ったら駄目なのよ，それは子どものじゃないの，大人用なの！」と叫んだ。Klein は，母親が父親の大きなペニス（大きなスポンジ）や赤ん坊を体の中に取り入れて独り占めして楽しんでいると感じている Ruth は，それらを強奪して駄目にしたい思っていると考えた。Ruth は，これらの敵意や羨望に対する母親の仕返しを恐れていたのである。

　Ruth の場合も，母親の妊娠が影を落としていた。彼女は2歳の時，母親の身体から新しい赤ん坊を盗み出し，母親を傷つけて殺したいという願望が生じ，それに対する罪悪感が現れたために，母親に強く固着した，と Klein は考察した。

4）Erna

　Erna は，不安と，親指しゃぶりや過剰なマスターベーションなどの強迫的行為，そして不眠や学習の制止が見られ，治療を受けることになった6歳女児である。

　分析の中で Erna は，Klein を子どもの役にして，下着を汚させ，母親である Erna が罰を与え，父親にお尻を叩かせる，という遊びをした。父親の代わりに魔術師が現れて，魔法の杖を使って子ども（Klein）の肛門と頭を叩くこともあった。その際，魔法の杖から黄色い液体が溢れだすことがあった。Klein は，Erna が，ペニスである魔法使いを登場させ，大便や精液，血液を表す液体が，口や肛門，性器を通した性交によって，母親に取り込まれたという様子を表現していると考えた。Erna は母親が父親のペニスと精液を取り入れて，父親は母親の乳房と乳汁を取り入れたという無意識的空想を持っており，そのため，両親に対して強い憎しみと羨望を持ったのである。

　Erna は一人っ子であったため，Klein が取り上げた他の子どもたちと異なり，実際に年下同胞を母親が妊娠・出産することはなかったが，Klein は「彼女の想像の中においては弟や妹の登場に強い関心を抱いていた」と言う。なぜならば，「一人っ子は現実においては，弟妹たちと陽性の関係を発展させる機会を持たないからである」。つまり，実際の母親の妊娠が子どもたちを苦しめるのではなく，子どもたちが父母の関係性とその結果（赤ん坊）に対して持つ空想が，彼らを苦しめていると主張した。

　Klein は，これらの症例に共通する事象を通して，性器期以前の 2 〜 3 歳の子どもにも，非常にサディスティックで，彼らの欲動を禁止し，処罰の脅しをかける「超自我（super-ego）」が作動しており，子どもたちが超自我によって強い恐怖や罪悪感に苛まれているということを発見した。彼らの超自我は，分析場面で，Rita がゾウに見張りをさせること，Trude がおもらしをする時びくびくしていること，Ruth が泣きながらスポンジが大人用のものだと叫ぶこと，Erna が Klein という子どもに罰を与えるというプレイに現れている。

　そうした恐怖の背後には，両親の性交や結合，または次の子どもの妊娠

や出産に対する彼らの怒りや攻撃がある。このように，Freud, S. が食器の投げ捨て行為の中に見出した，子どもたちの母親の妊娠に対する怒りや攻撃は，Klein によるプレイアナリシスでは，子どもたちが自分たちの怒りや攻撃ゆえに両親（超自我）から反撃されるという強い恐怖や不安という形となり，それが子どもたちの症状を引き起こしている，という理解にまで，鮮やかに展開している。

　こうした臨床経験を総括して Klein は，それまで Freud, S. が，5 歳頃にエディプス・コンプレックスによって形成されるとされていた超自我は，0 歳後半には既に形成され始め，5 歳頃にそれが完成されるとして，Freud, S. の想定を刷新し，「エディプス葛藤の早期段階」という論文にまとめた（Klein, 1928 ／ 1983）。

　ここで取り上げた子どもたちは，母親の胎内に美しく豊かな乳房を奪い取る赤ん坊というライバルがいると無意識的に空想し，母親や乳房をサディスティックに攻撃する結果，母親による授乳や世話といった自分自身が得られるはずだった幸福な体験をも台無しにしてしまっていた。Klein は，これらの臨床的知見を「フェミニン・フェイズ」概念として練り上げ，子どもの精神 − 性的発達に関して，新たな領野を拓いた。

2.　フェミニン・フェイズ[注1]

　Klein は，このようにして，Freud, S. の想定した男根期（性器期）以

注1）　この概念のことを，Klein 自身も feminine phase と呼んだり（「男の子の性的発達に対する早期の不安状況の影響」），feminine position と呼んだりしており（「自我の発達における早期不安状況の意義」「女の子の性的発達に対する早期不安状況の影響」），明確な定義分けはしていないようである。
　訳語としても，phase は「段階」とする点で共通しているものの，「女性らしさの段階」（柴山訳 1983「エディプス葛藤の早期段階」），「女性的段階」（衣笠訳 1997『児童の精神分析』），「女性段階」（衣笠訳 2002『精神分析事典』），「女性性段階」（衣笠総監訳 2014『クライン派用語事典』）など，訳が定まっていない感がある。feminine position は「女性的ポジション」（衣笠訳 1997『児童の精神分析』）とされている。
　本書ではこれらを一貫してフェミニン・フェイズと呼ぶことにする。

前の時期に着目するようになった。そして，男児も女児も，母親の身体内部をめぐる空想を展開させるこの時期を "feminine phase" "feminine position" と呼んだ。彼女は，精神－性的発達と性的同一性に関して，乳児と母親の間の早期対象関係が重要な役割を果たしていることを明確に打ち出したのである。『児童の精神分析』（1932 ／ 1997）に所収された論文群のなかのフェミニン・フェイズに関する詳細な記述を概観する。

　Klein の主張では，幼い子どもは，生来的に母親の乳房や膣に関する知識を持ち，母親の内部に豊かな空間が広がっていると空想している。例えば，4 歳 9 カ月の Fritz（実際には Klein の息子の Eric）の観察で，Fritz は「ボクはママの胃もみたいんだ。（筆者註：Fritz は Klein に「お腹の中なの？」と問われ肯定しているので，胃はお腹を表している）。そして胃の中にあるものも。（略）そこに子どもがいないかどうかをみたいんだ」（p.39）と言った。その 9 カ月後に，母親の身体の中について，子宮は家具を完備した家，胃は「浴槽や石けん皿さえも十分備えられた家」であると見做している。

　Fritz は，母親の身体の中についてさまざまな空想を思い巡らす中で，「家」という身近な居住空間を思い浮かべ，そこに赤ん坊がいないか確かめたいと語っている。このように子どもたちは，多かれ少なかれ，母親の身体の中に何があるのだろうと想像するものだが，先に挙げたように，Klein は，プレイアナリシスの実践による発見を重ねるうち，多くの子どもたちのこころの中で，実に破壊的でサディスティックで貪欲な空想が繰り広げられていることに目を瞠ることとなった。

　そして，フェミニン・フェイズに特有の子どもたちの空想について，以下のようにまとめた。この時期，子どもたちは離乳やトイレット・トレーニングによって欲求不満や羨望が高まっている。次子が生まれる可能性もある。母親の身体の中には，赤ん坊や乳汁など，子どもには決して作り出せない宝物が内包されていて，それを独占することは叶えられない。母親

との関係がアンビバレントなこの時期，子どもはまだ両親を全体対象[注2]として認知しておらず，子どもが母親の身体の中にあると想像するのは，部分的な父親（ペニスという部分対象）や赤ん坊である。子どもは，欲求不満が頂点に達すると，乳汁など，美しく豊かな母親の資源を奪われたことへの報復と羨望をもって，乳房を噛みちぎり，飲み込み，切り刻み，奪う空想を爆発させる。しかし，母親の身体の中のペニスや赤ん坊を攻撃すれば，今度は仕返しをされるのではないかという恐怖に怯える。こうした子どもは母親と幸福に結合することはできず，排除された除け者の立場に甘んじることになる。

　幼い子どもがこのペニスや赤ん坊を役に立つ良いものとして認められるかどうかは，男女児ともに，早期の母親（乳房）との関係が良いものだったか否かにかかっている，と Klein は述べている。ペニスや赤ん坊への羨望が強すぎると，男児はペニスを破壊される不安（去勢不安）に陥り，新しい関係として登場する父親のペニスも迫害的な怖いものだと感じられ，男児はそれに同一化して破壊的になるか，ペニスを捨てて女性的になる。女児の場合は，敵意に満ちた母親が自分の身体の中を破壊するのではないかと怯える。Klein が提示した症例は，このような不安が極端に高まった結果によるものである。

　ところで，なぜこの時期が "feminine" と呼ばれているのか。それは，乳房との関係において生じる不満や剥奪によって，男女児が父親のペニス

注2）　全体対象と部分対象：生後間もない乳児は，情緒的にも認知的にも未発達なため，母親や父親の全体を把握することはできない。知覚できるのは，母親の声，肌触り，匂い，口に触れている乳首の触感のように断片的なものである。これらが取り入れられて，乳児の空想の材料となるが，それは「良い」「悪い」などの一面的な意味を帯びている。これらの内的対象を「部分対象」と呼ぶ。
次第に，子どものさまざまな情緒体験が，母親との関係性の中で統合されてきた時，母親という人全体を見ることができるようになる。愛しているところもあれば，憎んでいるところもある，それらすべて，母親に対して抱いていた感情なのだ，母親は愛も憎しみもどちらも引き起こす人物なのだ，というアンビバレントを体験できるようになった時，子どもは親「全体対象」として見ることができる。

という新しい対象に向かう際の態度が "feminine" であると Klein（1928 ／ 1983）が考えたためであった。しかし後に，Klein は考えを修正し，新しい対象（ペニス）に関心が向くのは，対象に対する生得的な両価性によるものだとした（Hinshelwood, 1991 ／ 2014）。よって，わざわざ feminine と呼ぶ意義は大きくないかもしれない。

　一方，この時期に，母親への強い関心が新しい対象（父親）へと転換することで，象徴形成という重要な発達段階が始まることは注目に値する。子どもが新しい対象を探索し，その世界を広げていくのは，恐怖に満ちた幻想，苦痛，喪失が原動力となっているからである。すなわちこの現象は，抑うつポジションのワークスルーの一部を意味しており，フェミニン・フェイズがこころの健康にとって極めて重要な時期であることが示されている。フェミニン・フェイズにおける問題を無事に通過すると，子どもたちは性的同一性を獲得し，母親だけでなく，父親やもっと他の対象へと世界を広げていくのである。

　これらの Klein の知見は，筆者の臨床での体験や感覚にも合致する。この後の考察の方向性を考える上でも重要なので，フェミニン・フェイズ概念を用いて，筆者の臨床体験を考察する。

　まず，セラピストの妊娠が明らかになった治療関係においても，視覚的にセラピストの腹部が膨らんでいく影響により，フェミニン・フェイズのように，クライエントが母親（セラピスト）の身体内部を無意識的に空想する状況が起きやすくなる。セラピストがその空想を取り扱うことができれば，胎内の赤ん坊に対する激しい攻撃性や，それによる報復の不安が活発化したり爆発したりする過酷な状況が展開する。その過酷さを乗り越えるためには，セラピストの妊娠以前に，クライエントが治療関係において良い乳房による授乳という体験を持ち，真の依存関係の基盤が築かれている必要があったことを筆者は体験した。次章で，治療関係において性的興奮と母性的愛着の差異を明らかにしていたため, セラピストの出産休暇中,

幻聴に苛まれながらも破局を免れて治療に戻ってくることができた精神病クライエントの症例を提示する。また，第2章で取り上げた先行研究の報告からも，クライエントが持つであろう原初的な攻撃性，羨望などを治療的に抱え，持ちこたえるには，セラピストの妊娠までに，ある程度の治療期間と，表面的ではない真の依存関係の構築が必要であると考えられる。

　次に，治療における二者関係に強引に入り込んできた第三者（セラピストの配偶者や胎内の赤ん坊，すなわち母子関係における父親部分対象）は，クライエント（子ども）の目を，セラピスト（母親）やその乳房から逸らさせることになる。クライエントがこの第三者をどのように空想し，象徴化できるかが彼らの病態水準やパーソナリティなど，こころのあり方を明瞭に示す，ということも筆者は経験した。あるボーダーライン・パーソナリティ障がいの女性の症例では，セラピストの妊娠を知ってすぐ「セラピストの代わりに」と言って，新たに植物を育て始めたクライエントが，「なぜかすぐに枯れてしまうのです」と何度か訴えたことがあった。クライエントはセラピストの胎児を殺す代わりに，第三者である植物（それは〜ちゃん，と小さな子どもであるかのように名付けられていた）を攻撃して無意識的に殺してしまったかのようであった。彼女は，セラピストの個人的生活を示すような服装や装飾品を嫌い，セラピストにそれを強く制限することで，セラピストとの排他的な二者関係を作り出そうとする人でもあった。また別の回避性パーソナリティのクライエントは，セラピストの出産休暇中，試行錯誤の末，思い切って外界に活動の拠点を見出し，新たな趣味や対人関係の世界を見出しながらセラピストの職場復帰を待った。予後は良好であった。

　このように，セラピストの赤ん坊（クライエントの空想の中の母親の胎内の赤ん坊）に投影される空想の性質，象徴化の水準，投影同一化の程度について検討することが肝要であると思われる。セラピストは以下の事柄を慎重に精査しなければならない。クライエントにとって，赤ん坊とはど

んな存在でクライエントとどんな関係にあるのだろうか。クライエントは，憎しみ，怒り，羨望，父母の交わりの創造性や生産性，その結実である赤ん坊を受け入れることが出来るだろうか。クライエントがそれらを真に受け入れるには，どんな力が必要なのだろうか。

Ⅲ　早期エディプス状況における結合両親像

　Klein 派の精神分析家たちは，Klein がフェミニン・フェイズを概念化した後に練り上げた「結合両親像（combined parents）」という空想の概念や，「早期エディプス・コンプレックス（early Oedipus complex）」という概念を用いて，さらに理論的発展を遂げ，より重篤な精神障がいをもつクライエントの理解に適用してきた。本項では，その軌跡を追うことによって，セラピストの妊娠・出産という事象に関連する事例理解を深める方法を探究する。

　Klein によると，生後 6 カ月頃の幼い子どもは，発達にしたがって，母親を部分対象ではなく全体対象として認知し始める。つまり，乳汁を提供し快を与える「乳房」としてではなく，腕で抱きながら声をかけてくれ，乳房を差し出してくれる母親の存在が，時間的にも空間的にもまとまって認知されるようになり，自分の快や不快の源が同じ母親であるということを理解するようになる。

　その際，父親の存在が特別な意味をもつようになる。母親の胎内に存在する部分的な対象であるペニスとして登場するからである。この母親の中にいる部分的なペニスという像は，Freud, S. が想定した原光景のような，両親の性交場面の実際の目撃という水準のものではない。子どもは，母親の身体の中にある良いものを貪欲に求めても満たされない時，母親を激しく攻撃しながら，母親の身体の中の良いものを独占しているもの（父親のペニス）があるせいではないか，と主観的に空想するということである。

　Klein によると，両親は合体し，口唇的，肛門的，性器的な快楽を永遠に交換し合い，また逆に口唇的，肛門的な攻撃をし，破壊し合う，融合した原始的イメージとして子どもに捉えられる。これが「結合両親像」である。結合両親像は永遠に性交し続け赤ん坊を作り続けるので，結合両親像の母親の胎内にはペニスだけでなく赤ん坊も存在する。幼い子どもは，父母の強い結びつき，すなわち身体内に存在するペニスや赤ん坊に激しい嫉妬や羨望を抱き，攻撃的になる。例えば，母親の胎内からペニスをえぐり取りたいとか，母親の体内に尿や便を投げ入れて汚してしまいたい，といったような空想を持つ。こうした，子ども自身の嫉妬や羨望が投影されることによって，結合両親像は強烈に歪曲され，暴力的に破壊しあう，不気味で奇怪な姿を持つ対象に見えてしまう。子どもが報告する悪夢や描いた絵に現れる多頭獣や多足獣は，結合両親像の典型であると言える。

　後の事例研究でも示すように，セラピストの妊娠を知ったクライエントたちが，両親の性交場面とおぼしき攻撃性に彩られた夢を報告することがある。また，妊娠したセラピストが衰弱しているのではないかという不安を持ったり，クライエントの治療を放り出して胎児に夢中になってしまうのではないかと空想したり，セラピストがクライエントに自分の幸せを見せつけている，と怒ったりすることもある。これらの現象の根底に，結合両親像空想を想定することができるが，このような指摘はこれまでなされてこなかった。

　Klein 派の Bion や Britton は，この結合両親像概念における，両親の「連結 link」に注目し，認識論的視点を用いて理論展開している。Bion（1959／1993）は，精神病患者のある連想に対して，Bion が「二人の人間のあいだでの性交を目撃したことがあるし，今も依然目撃していると感じている証拠である」と解釈した時，患者が殴られたように反応した後，座って一心に空を見つめ，「見ているものを見ることができない」と語った場面を描写した。Bion は，この精神病患者に起きた現象を結合両親像空想

と結び付けて考えた。つまり，患者が両親の連結（性交）によって羨望を
強く刺激され，視覚印象が粉砕され，「目に見えないものの幻視（invisible-
visible hallucination）」が起きていると理解したのである。そして，精神
病患者の重篤な病理とは，結合両親像への羨望が働き，感じたことや考え
ることを徹底的に破壊してしまうことである，と結論づけた。この「連結
することへの攻撃（attack on linking）」（Bion, 1959 ／ 1993）論文によって，
精神分析理論の中で精神病患者の思考障がいのメカニズムの理解が進んだ
だけでなく，転移関係の中で，クライエントがセラピストとクライエント
の連結を攻撃するという治療状況をも，理論的に理解することができるよ
うになり，精神病患者の分析治療は大きく前進した。

　精神病水準のクライエントがセラピストの妊娠に全く気付かないという
事例（笠井, 2009 など）は，セラピストの妊娠によって喚起された結合
両親像に対する恐怖に対し，それを見たり考えたりする機能を破壊するこ
とで対処していると考えることもできるだろう。また，セラピストの妊娠
を知った後，それまでセラピストに対して親密だったクライエントが急に
よそよそしくなったり，距離を取ったり，頻繁に休みを取ったりすること
があるが（第 4 章 II および第 5 章 III の事例），これもセラピストとクライ
エントの連結を攻撃していると考えることができる。知ろうとする，考え
ようとするカップルへの攻撃である。

IV　倒錯と侵入的同一化，そして閉所

　Bion の流れをくんだ Meltzer（1966）は，倒錯的心性との関連で，こ
の主題をさらに発展させている。ここで，Meltzer の提示する「倒錯
（perversion）」とは，Freud, S. が『性理論のための三篇』（1905d ／ 2009）
で論じた異常な性的活動に限定されない，どの精神病理にもみられうる心
性として使われている。つまり，倒錯は自己愛組織の一つであり，快への

嗜癖（addiction）に誘い込み，良いものを悪いものに捻じ曲げ，悪いものを祀り上げるというこころの状態を意味している。福本（2013）は，「パーソナリティが悪い対象に占拠され，生殖本来の創造的目的ではなく破壊的目的に奉仕するようになった事態」と説明している。

　Meltzer によれば，分離をめぐる課題を抱えた（フェミニン・フェイズの）子どもは，母親の胎内に赤ん坊を空想する一方，自分は放っておかれ危険な糞便で汚れていくと体験する。そのため，空想の中で，理想化された乳房を自分の身体の中に再建したいと願い，母親の内部すなわち直腸に侵入的に同一化することで，分離不安を万能的に帳消しにしようと目論む。しかし，正常なコミュニケーションとしての「投影同一化」とは異なり，このような「侵入的同一化」によって支配された母体は，子どもにとって，自分を受け止めて包容する「容器（container）」ではなく，「閉所（claustrum）」（Meltzer, 1986）になってしまう。閉所に生きる子どもは，親に依存する「良い」子どもを捨て，自分がまるで大人であるかのように万能的に振る舞い〈偽成熟（psuedo-maturity）〉，その快に受動的に嗜癖し続ける。初めこうした自己の「悪い」部分は，分離の苦痛に対する輝かしい救世主として現れるが，万能感を高め，疑似現実を作り上げるので，現実検討ができなくなる。その結果，子どもは苦痛を苦痛と感じることができず，万能的な世界で一時しのぎの快楽に溺れ続け，真の意味で成長したり学んだりすることができなくなってしまう。

　現実生活に適応している人の中にも，こうした倒錯的世界に生きている人は多くいるように見受けられる。例えば，大切な人との分離に耐えられず，依存を避けるために，冷笑的で偽善的な態度を取る人や，懐疑的になったり，表面的な美や強さ，知識にしがみついたりする人がいる。クライエントが，セラピストの妊娠を知らされ，セラピストとの分離が予想される事態に耐えられなかった場合，セラピストに依存しているクライエント自身を否定するように，もう治ったから治療を止めると宣言したり，セラピ

ストに頼らないよう自己流の対処法（例えば，身体を鍛えたり，無理矢理
仕事を始めたりするなど）を繰り返したり，セラピストと争うように性的
なアクティング・アウトをしたりするといった行動が見受けられるもので
ある。閉所では，偽りの自立や万能感が体験され，一時的に満足するので，
セラピストとの関係性において，クライエントが苦痛を見つめたり体験し
たりすることが難しくなるのである。

　Meltzer はさらに『精神分析と美』（Meltzer, 1988 ／ 2010）において，
新たな視座から「赤ん坊」を描いている。母子関係を審美的な次元から捉
え直し，美的葛藤（aesthetic conflict）と格闘する赤ん坊を描いたのである。
Meltzer によると，リズミカルな心音が聴こえ，暖かく満たされた母親の
子宮から，突然追放され，激しい飢えや重力の感覚，刺激に満ちた視界に
圧倒され，無力感の中にいる誕生直後の赤ん坊は，極めて美しく見える母
親の乳房の内部に魅せられながらも，その質が不確かであることに苦しむ。
表情や目の輝きが時々刻々と変化し，乳房が現れたり消えたりする，この
謎めいた美的対象（母親）は，何を考え，行動しているのだろうか？　赤
ん坊は捉えどころのない感じのまま置き去りにされる。この体験が，その
内部を知りたいという強烈な衝動，知識本能（epistemophilia）を刺激す
るのだが，美的葛藤に持ちこたえられない時，対象内部を「知る」のでは
なく，対象内部に「侵入する」ということが起きる。これが先に挙げた「閉
所（claustrum）」である。ここで重要なのは，クライエントが，美的葛藤
の過酷さゆえに，母親を「想像」するのではなく，セラピスト（母親）の
中に暴力的に侵入し，所有しようとする時，この閉所の永遠の住人となっ
てしまうということである。美的葛藤からの退避は，情動的なこころを枯
渇させ，現実を否認する，不毛な生活を産み出していく。

　Meltzer が提示したこの「美的葛藤」という概念は，美しく良い内的対
象（母親）が独占できない，手が届き難いがゆえに欲求不満となることが
重要で，それによって，さらに知りたい，理解したいという知識本能が活

性化する，すなわち心理的成長を促すという点で，非常に興味深いものである。

　Meltzer の理論展開は，子どもが両親の「連結」（良いもの）を羨望して激しく攻撃し，両親の報復を恐れる不安によって症状が形成されるという Klein の考えと，両親の結合への羨望が強まり自分自身の感覚を攻撃し，考える機能すら破壊してしまうという Bion の考えを進展させたものである。すなわち，母親との分離に際し，欲求不満を強く抱いた幼い子どもは，結合両親像という空想の中で，羨望や怒りをこめて，母体や赤ん坊を破壊しようとするだけではなく，母親との分離を否認するため，さらに，謎めいた美しさをもつ母親の内部の不確かさに耐えられないため，母親の身体の中に暴力的に侵入し，倒錯的世界に棲み込む空想を発展させ，その快楽に嗜癖してしまうというものである。

　筆者は，Meltzer が，赤ん坊の無意識的空想として母親が謎めいて美しいことに衝撃を受けるという主張に疑義はないが，Raphael-Leff（2004）が指摘するように，妊婦は心身ともに「生殖に関する神秘」に関する課題に取り組んでおり，実際，妊産婦は，周産期を通じて謎めいているようにも思う。そして，赤ん坊にとって母親が美しくて手が届かないように，母親にとっても赤ん坊は美しく手が届かないものでもあるだろう。母子はお互いに深く豊かな非言語的コミュニケーションの中で，原初的な感情を投影したりそれを理解したりする格闘を続けながら，無重力から重力を見出し，この世の中で生きていくための自己を発達させていくのではないだろうか。セラピストの妊娠時には，とりわけ，こうした生命の美しさや儚さへの敬意や畏怖といった主題が抽出されやすいように思う。それは，クライエントの過去の出来事の想起という形を取ることもあろうが，治療空間に胎児がいるという状況の影響が大きいのではなかろうか。

　筆者の経験では，セラピストの妊娠という状況において，クライエントが分離の苦痛に耐えられず，倒錯的世界に引きこもり，治療の行き詰まり

を招く場面は少なからずあるが，事例研究で検討されることが少ないように思われるので，第 5 章Ⅲの事例研究で考察したい。

Ⅴ　生と性について考えること

　セラピストの妊娠という事象は，クライエントの無意識にある「生」や「性」に対する空想を強く刺激し，クライエントを大きく揺さぶる。特に病理の重いクライエントは，衝撃があまりに大きいために，セラピストの妊娠を受けとめ，認知することができず，セラピストが妊娠していること自体を否認する場合もあれば（成田，2004；笠井，2009），性にまつわる空想が幻聴という具象的な形でクライエントを苦しめる場合（若佐，2013）もある。クライエントたちのこうした反応や症状には，彼らの無意識に眠る大きな苦痛が示されているように思われるが，こうした無意識的な表現に対し，セラピストはどのようにアプローチすることができるだろうか。生や性にまつわる問題を感じたり考えたりすることについて大きな困難を持つクライエントに，何ができるだろうか。

　Klein（1931）は，赤ん坊が，実際に原光景を目撃したわけではなくても，人間の身体にペニスと膣があることや，これら二つの器官が関係すること（結合両親像）について生得的な知識を持っていることを想定していた。そして，母親の体内を覗きたいという詮索や，何が起こっているのか侵入して知りたいというサディズム衝動は，生まれつきの「知識本能 epistemophilia」，すなわち生得的な好奇心であると考えていた。母親の身体が破壊されておらず，危険に晒されてもおらず，母親の身体自体が危険なものではない，ということが赤ん坊に認識されていれば，知識本能は順調に発達していくが，そうでない場合は，知識本能が阻害され，精神病的な障がいや学習障がいなどが起きるというのである。しかし Klein は，知識本能という概念そのものを明確には定義せず，それ以上考えを発展させ

なかった。

　人間のこころにとって「知る」という営みがどれほど重要で本能的な
ものであるかを十全に探究したのは，Bion である。Bion（1962 ／ 1999）
は，母親（乳首）と乳児（口）の連結，分析家とクライエントの連結など
について，コンテイナー（器，♀）とコンテインド（中身，♂）という概
念を用いて包括的に考察することに成功した。第１章Ｉ２で既に，転移
と思考の生成過程に関連して Bion の理論を紹介しているが，再度，母親
の contain 機能によって乳児の思考が生まれることに重点を置いて記述し，
セラピストの妊娠という局面に活用できる概念を探っていく。

　Bion は，赤ん坊の泣き声を聴いた母親が，赤ん坊に声をかけて宥めてい
る様子を取り上げ，その一連のやりとりの認識論的な意味について考察し
た。すなわち，赤ん坊の泣き声（コンテインド）を聴いた母親（コンテイ
ナー）は，何らかの思いをこころの中に持つ。それは，赤ん坊が母親に投
げ入れたものであり，死の恐怖や怒り，絶望，痛みなどかもしれない。母
親は，それらが何であるかを「夢想（reverie）」し，理解しようとしながら，
抱きしめたり，言葉を掛けたり，見つめたりして，それらを緩和するよう
に赤ん坊に働きかける。こうした母親の営みは，「コンテイニング〈包摂，
包容（containing）〉」と呼ばれるものである。そうした営みによって赤ん坊は，
母親のコンテイニング機能を内在化して，考えることのできなかった原初
的な感覚や衝動，消化できない事実（ベータ要素）を，情緒を伴った知識
（アルファ要素）としてこころの中に持てるようになる。こうした営みが繰
り返されることによって，赤ん坊は徐々に情緒を思考にする機能（アルファ
機能）をもてるようになり，「考える」ことができるようになっていく。

　ここで筆者が重視するのは，Bion によって，赤ん坊が母子の関係性の
中で「知ること」や「考えること」という機能を育んでいくという認識論
的領野が開かれたことである。確かに，両親の連結は，子どもの好奇心を
強く揺さぶり，恐怖すら感じさせるものでもあるが，それに先立って，子

どもが大きな動揺や衝撃を適切に抱え持ち，理解され，コンテインされたという十分な体験を持ち，その機能を取り入れて内在しているならば，苦痛であるにもかかわらず，知的好奇心を維持して成長することができる。

　Bion（1962／1999）は，対象間の結合を，L（愛），H（憎），K（知）と表現し，情動的経験としての知ること，すなわち K 結合を最も重視している。今日の精神分析では，クライエントが情緒的に知ることに耐えられるよう導くことが，治療の根幹となっている。

　Meltzer によって示された「閉所」は，このようなコンテイナー・コンテインド関係，すなわち情緒的な依存関係が持てなくなった状態であると言える。生と性に関して子どもたちが持つ関心は，並々ならぬものである。私たちは，クライエントが持っている生や性に関するさまざまな空想をともに考えていく必要がある。クライエントが考えるために，セラピストは情緒を受け止める器を提供しなければならない。

VI　三角空間で考えるということ

　クライン派精神分析家の Britton（1998／2002）は，Bion のコンテイナー・コンテインド論を拡張して，「三角空間（triangular space）」という概念を産み出した。

　Britton は，原家族が作る三角，すなわち，母親と子どもの連結，父親と子どもの連結，そして両親間の連結で作られる三角形に注意を向けた。子どもは，両親間の連結にこころを痛める。というのは，両親のつながりにおいて，自分は目撃者であって参加者ではないというエディプス状況に直面しなければならないからである。しかし，実は，自分とは関係なく両親が連結するということを子どもが知覚できるようになると，子どもの心的世界は統一されるものであると Britton は主張する。なぜなら，子どもは第三の立場に立つことができ，そこからさまざまな対象関係を観察する

ことができ，また逆に自分が観察されることをこころに思い描くこともできるからである。すなわち，当事者ではない第三の立場に立つことは，他者と交流する自分を観察し，自分の見解を保ちながらも他者の異なった見解を楽しむ能力を持つことを意味するというのである。こうしたこころの自由が育まれる場を，Britton は「三角空間」と呼んだ。

Britton によると，もしクライエントが，両親間の連結を破局や恐怖として体験し，さまざまな原始的防衛機制でもってその事実を避けるならば，そのクライエントは，コンテイニングの過程を経ずして，空想の中で，または実際に原光景に直面しているのかもしれない。その過酷な状況を理解しコンテインしてくれる母親対象がこころの中にいないため，その連結に耐えることができないのである。こうしたクライエントの治療の難しさは，分析家が，想像上の同僚，先達，精神分析理論など，クライエントとは別の対象と交流していることを，自分の生が脅かされていることとして恐怖するという場面で明らかになる。Britton のクライエントが，沈黙している分析家に対して「そのいまいましい考えごと［その交わって考えること］that fucking thinking を止めて！」と叫んだのは有名な話である。

セラピストが妊娠しているという状態は，クライエントにとって，セラピストとそのパートナーの連結を見せつけられる状況となりやすい。それを，情緒と切り離して傍観したり，その連結をこころから取り除くために，表面的にお祝いを言ってその場を取り繕ったりすることで，その連結に対する情緒体験のワークスルーを避けようとするクライエントも多い。また，それを容認してしまうというセラピスト側の狭義の逆転移が働きやすいことも，既に述べた。

しかしながら，Feldman（1989）が，「もしクライエントがエディプス・コンプレックスを比較的健康に乗り越えるなら，クライエントは，性交すなわち創造的活動の，内的なモデルをもつだろう」と述べるように，三角空間を作り上げるという仕事が成し遂げられるならば，クライエントに

とっての収穫も大きなものとなるに違いない。Zeavin（2005）も「セラピストの妊娠という状況は早期エディプス状況を蘇らせるが，もしクライエントが，治療の中で，他者（セラピスト）の他者性を受け入れ，分離に耐え，両親の関係性から疎外されていることを知り，両親を愛しながら同時に憎んでいることに耐える——それらにまつわるもがき，すなわち抑うつポジションの問題をワークスルーすることができるなら，こころの自由を手に入れ，自分自身の感情を理解して生きていくことができるのかもしれない」と述べている。エディプス状況を乗り越え，第三の立場に立つにも，やはりセラピストによるコンテイニングが必要である。

　セラピストの妊娠という事象によって，二者関係的な羨望がテーマとなるか，三者関係的な嫉妬やエディプス葛藤がテーマとなるかは，クライエントの病態水準が深く関わるだろう。筆者は，重篤なクライエントの場合，セラピストの妊娠によって結合両親像が賦活して恐怖や解離，倒錯的な状況が展開する可能性があり，そうでない場合は，エディプス葛藤や同胞葛藤にまつわる空想が喚起されて，競争心や怒りが出現しやすくなる印象を持っている。

　これらの Klein 派精神分析理論を参照し，セラピストの妊娠を，両親の創造的結びつきに気づく衝撃，またはそれに対する攻撃としても捉えるならば，クライエントの内的世界を理解する新たな道が開けるだろう。そこには単なる匿名性維持の失敗以上の意義がある。セラピストの妊娠を知ったクライエントは，妊娠を否認し続けるかもしれないし，セラピストと胎児を羨望によって攻撃するかもしれない。または，倒錯的にセラピストの子宮に棲み込もうとするかもしれない。クライエントのこころの在り様は，セラピストの胎児または妊娠という事象に，クライエントがどのような空想をはたらかせるかに映し出される。セラピストは，それをより正確に理解し，「考えられない考え」を「考えられる」ようにする働きかけ，すなわちコンテイニングとアルファ機能を提供していくのである。

第4章

事例研究
セラピストの妊娠とクライエントの
無意識的空想をつなげる

　本章では，セラピストの妊娠とクライエントの無意識的空想をつなげることによって，どのようなプロセスが展開するのか，筆者が実際にかかわった2つの臨床事例を取り上げて，詳細な検討を行う。

　本書で挙げるすべての事例は，公開に際してクライエントの了解を得ているが，個人が特定されないことに配慮し，本質を損なわない程度に加工されている。

I　略奪婚空想，結合両親像からの迫害，そして哀しみ（事例A）

　精神病水準の女性クライエントAとの臨床事例である。精神病のクライエントは，自他が未分化であるため，セラピストのさまざまな心的身体的変化を鋭く感知し，自身の無意識的空想と合致させ，急速に混乱状態になったり，クライエントの妄想体系の中にセラピストの変化を取り込んだりするように思われる。

1．事例概要

　初診時 30 代半ばの女性 A は，小学生の頃，父方祖父母と同居するため，片田舎の父の実家に転居したが，そこで母親と祖母の嫁姑争いが繰り広げられた。祖母は気性が激しく暴力的で，母親もそれに対抗するので，大喧嘩が絶えなかったが，父は家庭の問題にかかわることがほとんどなかったという。A は，共働きの親に代わって家事を切り盛りし，母親の愚痴の聞き役となり，同胞の世話をするなど，子どもらしく過ごすことはなかった。友達もなく，孤独がちだった A は，学生時代，思想や宗教の集団に居場所をみつけて人を援助する仕事に就いた。

　A は職場の既婚男性と恋愛関係になり，彼が離婚した後に結婚して退職した。しかし，隣家から文句を言われる，近所で噂をされるといった幻聴や妄想に悩まされ，複数回転居した後も収まらず，自ら精神科を受診した。その後，男性の主治医から紹介されて，筆者と週 1 回有料の個人心理療法を始めた。A は主訴欄に「子どもがほしいので薬をやめたい」と書いていた。

　治療開始時，治療者としての経験がほとんどなかった筆者は，A を妄想性障がいだと見立てたという記録があるが，今振り返ると，A の病理が精神病水準のものであるとは真に理解していなかったと思う。そのため，治療初期の 3 年間は，A のこころの嵐の凄まじさを理解する能力の乏しいまま，ただ支持的に傾聴するばかりであった。

2．治療経過

第 1 期　略奪婚空想　（第 1 回〜第 177 回）

　A は，セラピストに表面的な信頼を寄せたが，夥しい不定愁訴や不安を訴えるか，主治医など魅力的な中年男性との親密な関係をアピールし続けた。セラピストは，親身になって A の話を聴こうとするものの，A の話が，主治医や夫の発言そのままの再生であるように思われ，A の気持

ちを見出したりＡの話に共感したりすることは難しかった。治療を開始して数カ月後，主治医の休診をきっかけに，希死念慮や焦燥感が高まり，Ａは精神病院に2回入院した。退院後，Ａは「今までの話は表層の問題で，根底には夫婦関係の問題がある」と打ち明け，夫に子ども扱いされており，セックスレスであると語ったが，Ａは自分の苦痛を言葉にして紡ぎ出すことが難しく，結局，表面的に「適応」している自分を主張する状態に戻り，面接の頻度を隔週にするよう求めた。Ａがセラピストのことを，主治医に比べて無能で無力な人間で，補助的な役割しかない，と価値下げしていることに，セラピストは半ば諦めの気持ちを持って隔週で会い続けていた。Ａは，電気治療やダイエット，若い男性精神科医の追っかけの話を繰り返した。Ａの治療開始後3年目，同胞が統合失調症を発症し，治療を受けることになった。

　治療の4年目になって，Ａは結合両親像にまつわる夢を報告するようになった。これは，セラピスト自身が精神分析的心理療法を受け始め，自分の無意識について考えるこころが徐々に育っていったことが，何かしら影響を与えていた可能性が考えられる。彼女が報告する夢とは，「父と女性がナイフで刺しあう。止めないと大変なことになると思って取り上げ，110番，119番に電話する」（第64回），「プランターの周りにＸ（女性性器を連想させる虫）がたくさんいて，根っこから掘り出すと，根にもついていて気持ち悪い。そばにいる母親に“早く捨てて”と言うが，何もしてくれない」（第68回）といった内容であった。

　このように，Ａのこころの性的な衝動や攻撃衝動は，夢の中で，父母の性交渉の破壊的な様子となって表れたり，生き生きと育つ植物の根を腐らす害悪（Ｘ＝女性性器）となって表れたりしているようだった。夢の中のＡは，110番などに通報する立場や，“早く捨てて”と命令する立場にいるが，実際にはその性衝動や攻撃衝動の持ち主であった。その証左として，実生活では，夫以外の男性との間で性的なアクティング・アウトを起

こしたり，性被害を想起したり，アルコール依存状態となったりするなど，次々と問題が表面化していった。

　第82回で，セラピストが，Aが危機的な状況にいると考えていると伝え，毎週面接に戻すよう提案したところ，彼女はそれを受け入れた。Aは過去に性的に虐待，いたずら，暴行されたことを，空想とも過去の事実とも分からない水準でセラピストに切々と訴え，「主治医に犯されそうだから主治医を代えたい」と言った。

　セラピストは，Aの，自分は他のクライエントより主治医に特別に気に入られているという話や，セラピストや主治医を価値下げする態度から，Aは，主治医とセラピストが非常に親密な関係をもっており，Aはそこから不当に排除されていると感じ，激しく嫉妬してもいるのではないか，という仮説をもち，確かめる時機を待っていた。セラピストは，隔週面接の希望に応じた頃にセラピストが感じた，諦めと嫉妬の入り混じったような気持ちも，親密なカップルから締め出される時のAの無力さや怒りを投影されたものではないかと考えていた。

　第100回，主治医休診について話をするAが，セラピストを牽制しているように感じたセラピストは，Aの精神病院への入院のきっかけが主治医の休診だったことを思い出した。セラピストは思い切って「主治医が休みの時，私と会っているかもしれないと思っているのではありませんか」と解釈した。Aは大きく動揺して「そうなんですか？」と3回も尋ね直し，セラピストはAの真剣な表情から，Aが主治医とセラピストカップルに嫉妬していたことを確信した。Aは診察でも主治医に尋ね，主治医に「セラピストはあなたの不安のことを言ったのでしょう」と否定され，ようやく大きな動揺が収まった。

　この出来事を境に，Aは，セラピストが何のためにAに会っているのかに関心を持ち始めた。どうやらAのこころの中では，セラピストが，Aのかつての職業に関心をもっており，Aの専門的知識や技術を獲得す

る目的で彼女に会っていることになっていた。Aの無意識のなかでセラピストは、Aと競合しているライバルであったのだった。この時、彼女が「略奪婚空想」、すなわち、母親の座を奪って父親と結婚するという空想に生きており、実際に夫との間でそれが実現した際に発症し、今なお転移関係でそれを展開していることがセラピストに理解された。そして「セラピストと主治医の関係（父母の性関係）を見せびらかすためにAを治療しているとAが感じていた」という解釈は、Aのこころの深部に届き、セラピストと自分の二者関係、依存関係に着目する方向へとAを導いた。

　Aは、宗教的道徳観から、自身の結婚の経緯への罪悪感に触れてはいたものの、それは強い性衝動、攻撃衝動によって一瞬で粉砕されてしまっていた。そして、無意識的には性的に互いを貪り合う関係へ埋没し、耽溺する願望と、それに対する報復への強い恐怖心が拮抗していた。こうした空想は、あまりにも強烈で不安喚起的なものだったため、主治医や昔の恋人に性的に誘惑される、という他者への投影で処理され、実生活ではセックスレスを貫いた。

　しかし、こうしたセラピストの理解を解釈として何年も粘り強く伝えるうち、Aのこころの中で混同されていた性的興奮と母性的愛着の間に差異が生まれ始めた。それと同時に魔術的な解決法を求めて、宗教や保護的中年男性に自分の人生を丸投げすることに対して、疑問を抱くようになっていった。

　セラピストがAに妊娠を伝えたのはこの時だった。面接開始から8年数カ月が経過していた。

第2期　セラピストの妊娠は報復か問いの始まりか
（第178回〜第186回）

　セラピストが、妊娠と数カ月後に始まる4カ月間の出産休暇を伝えると、Aはとても驚き、すぐに「どうして代わりの先生を用意しないのですか」と尋ねた。セラピストが「私がAさんの担当を続けたいので待っていて

ほしいのです」と伝えると，Ａはさらに驚いて「先生は私に対して責任
を持ってくれているんですね」と言った。Ａは，反射的に，セラピスト
が自分の子どもを優先してＡを見捨てるのが当然だと思ったのだろう。
確かにセラピストは，出産休暇中，代理のセラピストを立てることを検討
しなかったわけではない。だが，セラピストの妊娠についてＡがどのよ
うに反応し，セラピストがどのようにそれを抱えていけるかがこの治療の
要であると考えていたため，Ａがどう反応しようとも，Ａの治療に責任
を負う決意を持っていた。一方，セラピストは，Ａがセラピストの妊娠
を知れば，セラピストを責め，他のセラピストを紹介するよう迫るだろう
と予想していたため，Ａが「私に対して責任を持ってくれているんですね」
とセラピストに対する良いイメージを言語化したことに，少なからず驚い
た。

　時を同じくして，病気入院中だった父親が亡くなったが，Ａはその葬
式で自分のお金を盗まれたと疑い，同胞だけが父親に愛された恨みを回想
した。さらに，Ａ自身が子宮筋腫や乳がんに罹ったのではないかという
心気妄想的な不安に駆られた。このようにセラピストの妊娠は，両親カッ
プルから排除されるというＡの不安を刺激し，彼女の性的欲求や攻撃性
に対する報復として，Ａが母親から見捨てられ，女性機能を奪われる（女
性特有の病に罹る）という空想を活性化した。父親との死別も，情緒的な
悲哀ではなく，被害的な出来事として体験された。

　彼女は，セラピストの復帰後に，同じ面接室を確保し，空調が完備され
ることの確約を繰り返し求めたが，それはセラピストの不在やセラピスト
との再会に対する不安が，具象的に変形された結果のようだった。この時
期のセラピストは，Ａとの面接中，胎児を守ろうとする気持ちが強まっ
ている自分を感じていた。それはＡの強烈な攻撃性から胎児を守りたい
という，一人の母親としてのパーソナルな逆転移の側面もあったが，Ａ
から伝えられてきた無意識的な表現への反応である可能性も考え続けた。

　父親の死に際して，同胞だけが父親に愛されて寂しかったと想起したことは，セラピストの胎児に対する同胞葛藤と連動するものがあり，それは転移解釈を通してＡに認められるに至った。そして，Ａはセラピストが常々Ａに投げかけていた「Ａさん自身はどう感じるのでしょうか」という言葉を反芻して自分の気持ちを見つめようとし，「いつも傷つけられてばかりと思ってきたけど，自分には攻撃的で厄介な部分があって，それが人を傷つけてきたこともあった」「相手が何に苦しんでいるのか，本当に考えたことはなかったかもしれない。自分がやりたいことも考えてこなかった。イイコになることだけを考えていた」と振り返る時もあった。Ａは「私は母みたいにがむしゃらに働けばいいと思っていたけど，先生は違う。ご自分の身体と赤ちゃんを大切にされていると思う。どう違うのだろう」と問いを立てたりもした。その発言は，「セラピストは自分ばかり大切にしている」という意味合いではなく，セラピストが，Ａと胎児の「双方を大切にする」人であることに重点がおかれているようだった。

　このような大きな揺れの中でＡは，セラピストが治療に戻ってくる約束を何とか信じることができ，セラピストは，Ａが被害妄想世界にどっぷりと浸かった状態ではなくなったという印象を持って，出産休暇に入った。

第３期　原光景空想による迫害　（第 187 回〜第 205 回）

　セラピストの出産休暇明け，Ａは憔悴しきっていた。休みの間，Ａは人と出会うと性的な欲動にまつわる言葉が頭に繰り返し浮かんできて，とても苦しかったと言う。そして発病当時，隣家から聞こえてきた声が，実は，Ａを責める声ではなくセックスをする男女の声であったと打ち明けたのだった。Ａは，セラピストの妊娠・出産によって，両親（隣人）の原光景（セックス）場面という，彼女の原点に立ち戻らされていたのだった。「（隣人は）もっと気を遣ってほしかった」と語るＡに，セラピストは，自分の出産休暇によって自分が性的な存在であることをＡに見せつけ，原光景に晒

される体験を強いたことに，本当に申し訳ないという気持ちでいっぱいになり，罪悪感を強く抱いた。しかし同時に，Ａがその苦痛をセラピストに伝えられたことは大きな変化でもあると気づいた。

　Ａは，セラピストと再会し，セラピストから情緒的な応答を得ることによって，再び心理的探索の道を歩み始めた。彼女は，夫の前妻の死を願ったことがあったこと，性欲を満たすことしか考えなかった日々があったことを語り始めた。そうしてＡは「私は屈折してますよね。隣人の笑い声がうるさいのに『うちのＴＶの音うるさくないですか？』と訊きに行って，また隣から音が聞こえると嫌がらせだと感じてるんです。これって被害妄想ですよね？」と，ついに病識を持ち始めた。セラピストが「自分のこころの中に自分を責める声があって，それがあなたを苦しめ続けてきたのですね」と解釈すると，Ａは涙し，「あぁ，すごく気が楽になった」と頷いた。Ａが自分の人生を振り返り，自分自身の攻撃性や性衝動を認めるという局面を迎えたことは，セラピストに大きな驚きと感動をもたらした。しかし同時に，彼女のこころの平衡が崩れることへの恐怖心も残された。

　セラピストが子どもを産んだことも，Ａのこころに大きな影響を及ぼしていた。例えば，彼女自ら，「先週，先生に『自分で考えてみて』と言われた時，まだよちよち歩きで転ぶかもしれないのに，一人で歩いていけと言われてる気持ちになった」（第196回）と，セラピストを前に，まるで自分が幼児であるように表現することがあった。彼女は，母親（セラピスト）の眼差しの中にいる子ども（Ａ）をこころに描いていった。その次の回で，訪問した相手に追い返された不満を語るＡに，セラピストが「私について空想していることがあるようですね」と介入すると，「先生も，赤ちゃんがいてウンチや夜泣きが大変で，こうして働いて息抜きしたいのかな，と思う」と返した。セラピストが，「Ａさんはよちよち歩きで心細いのに，預けられてほっとかれて，辛い子どもの気持ちになっているのですね。私の子どもとご自分を重ねているのですね」と伝えると，Ａは肯

定して「お母さんはいつも忙しくて，十分話を聴いてくれなかった。とりとめのないこと，今日あったことをゆっくり話したかった。私の気持ちにちっとも気づいてくれなかった」と涙ぐんだ。「私にもゆっくり話したいのですね」とセラピストが返すと，A は頷いて「毎日私は流されて，自分を見失ってしまう。ここに来ると取り戻す。何でだろう？」と呟いた。

　さらに 2 カ月後 A は「先生が私に責任をもってくれてると信じられたから，先生の産休を乗り切れたんだと思う」と語り，続けて「私は底知れない寂しさの中にいた。冷たい暗闇の中にいた感じ……母にすがりつくイメージ……振り返ってもらえない。突き落とされ，見捨てられ。母はずっと上にいて，私が一生懸命手を伸ばす。振り返って欲しい……たわいのない会話をいっぱいしたい……ずっとこの寂しさがつきまとっていた」としみじみと語った。この時，セラピストは，具象的で侵入的な印象の強かった A の語りが，真の感情を切々と伝えるモードに変化したという確かな手応えを感じた。そして，暗く冷たい深海の中で，地上の仄かな光に向かって必死で手を伸ばす A の姿が鮮やかに目に浮かんだ。長い経過を経て，やっと，彼女の途方もない寂しさと深い哀しみに触れられた，初めての瞬間であった。

　このように A は，出産後の面接経過のなかで，セラピストの子どもに同一化することによって，面接場面でより鮮やかに情緒的体験をするようになっていった。性衝動と報復で彩られた略奪婚空想は，母に見捨てられた果てしない寂しさという情緒を伴う新たな物語に変化したように思われた。

3. 考察

　A は何度か，小学生時代の孤独な日々にこころの不調が始まった，と振り返っている。父母，祖父母たちの大人世界には，常に暴力的な諍いがあり，まだ子どもの世界を謳歌したい盛りの A に同胞の世話が任され，母親は仕事にのめり込んだ。父親も家庭を省みなかった。A は，子ども

らしさを失い，周囲から浮いてしまったのだろうか，現実社会に同年代の友人を作ることができず，他者を万能的に救う思想や宗教の団体に居場所を求めた。Aは，孤独に耐えられず，万能的な空想に頼るようになったのかもしれない。Aは，大人の世界から締め出されることに強い怒りと攻撃心を持っていたが，そこには性的な興奮も絡んでいたため，それらの苦痛を感じ受け止めることがさらに難しくなっていた。

　彼女の無意識的空想が，Klein の提示する「結合両親像」に強く彩られていることは，面接経過を見ても明らかである。彼女が初期に示した「略奪婚」空想がそれである。まずはこの空想を中心に，Aのこころの在り様を描写していきたい。

1）Aが治療空間に持ち込んだ略奪婚空想

　Aの発症は，妻子ある男性と恋に落ち，彼を前妻から奪った時期に始まっている。親密な男女関係の間に入り込み，男性を奪って自分が結婚する，という「略奪婚」が現実に達成されてしまったため，彼女は，超自我（両親）から報復されることに怯え，そうした恐怖が幻聴や被害妄想という症状を形成したと考えられる。厳罰に怯える彼女は，宗教や生活上のルール，セックスレスなどで自分を律しようと努力もしたが，恐怖は増大するばかりで，長年，被害妄想に苦しみ続けることになった。

　当然，こうしたストーリーは転移関係の中でも展開した。第一期の，男性主治医を巡る，セラピストとAの間の競合関係という空想である。主治医に特別に愛されていることをアピールし続けたAのこころの奥には，主治医と不倫をしているかもしれないセラピストに対する激しい羨望と競争心があったが，それは元をただせば，母親が父親とつがっていることへの羨望や嫉妬であった。

　しかし，セラピストが彼女のそうした空想を解釈し，また，彼女のこころの中にある母性的愛着と性的興奮の差異を明らかにし，丁寧に区別して

いくうち，セラピストと A の間には，依存関係の萌芽が生まれていった。それは本当に地道な道のりであった。セラピストの妊娠という大きな危機を迎える頃には，治療開始から 8 年以上も経過していた。

2）セラピストの妊娠を知り，依存欲求と被害妄想の間で揺れる

　セラピストの妊娠を知った A には，健康的で依存的な乳児的自己と，被害妄想的で万能的な自己が並列して存在していた。前者は，A を見捨てないというセラピストの態度を感じ取り，迫害的な不安を修正し，「私に責任を持ってくれている」という，良い母親像を取り戻すことができた。一方，後者は，父親との死別と重なり合って，大切な人を失うことが，金品が盗まれるという具体的な損害や被害に変換され，情緒的な哀しみや心もとなさから分離されてしまった。そして，自分は子宮や乳房を病で汚染されているという空想となった。面接申込用紙の主訴欄に「子どもがほしい」と書いた A は，略奪婚によって得た妻の座を確かにしたいと必死に願ったのだろう。その観点からみると，セラピストの妊娠は，セラピストが A に勝利して性的な快楽を独占し，妊娠する立場にあり，A はその圧倒的な母親の勝利に屈服するような屈辱を覚える出来事と体験される側面もあった。こうした具体的で被害妄想的な思考様式は，彼女が長年慣れ親しんだもので，大きく変化することはなく，セラピストが出産休暇から戻るのかという不安を，治療室の確保や空調設備の確認に変質させたことにも現れた。

　しかしながら，A は「自分と赤ちゃんを大切にする」という母親の機能にも目を向けることができた。それは弱く助けを必要としている者を保護し，気を配り，その存在そのものに思いをめぐらすという母親の姿である。

　このように A は，セラピストの妊娠時，母子カップルに締め出されて奈落の底に落ちるような気持ちと，A 自身が大切にされ，抱かれる腕が確保されているという気持ちの間を揺れていた。こうした良いセラピスト

－悪いセラピスト，良いＡ－悪いＡという揺れを感じ取れることは，これまでになかったことであった。

　彼女はよく「先生がいつも“Ａさん自身はどう感じるのでしょうか”と訊いてくれる。それで私の気持ちを考えるようになった」と語ったが，彼女は，こうしてＡのこころに関心を注ぎ続けるセラピストの姿勢，すなわちコンテイニングを通して，自分の気持ちを考えようとするＡを抱えるセラピストがいるという体験を積み重ねていった。そうすることで，自分自身が持っている「攻撃的で厄介な部分が，人を傷つけてきた」という事実に向き合う心の基盤を作っていった。

3）出産休暇中の危機をかろうじて乗り越える

　セラピストが妊娠するという事象によって，セラピストに配偶者がいることや，性的な存在であるということが暴露されるのだが，それにまつわるクライエントの空想は，セラピストの不在とクライエントの病理によってデフォルメされた形で，ますます膨れ上がる可能性が高い。なぜなら，クライエントのこころを理解しようと努めるセラピストが目の前におらず，クライエントの空想は誰にも抱えられず，解釈されることもないので，その空想は修正も吟味もされず，野放し状態であり続けるからである。

　母親の不在が本当に理解できるのは，母親の存在がこころの中に内在化されている者だけである。母親に愛されたり，母親に受けとめてもらったりしたことのない子どもが，母親がいなくなった時に何の反応も示さないことや，母親から強烈な投影を受け続けた子どもが，母親との分離にもその後の再会にも混乱した反応を示すばかりであるのは，Ainsworth らのアタッチメント研究が示す通りである。

　Ａにとっての内的な母親像は，あまりにも脆弱で自分勝手であった。Ａは，セラピストが不在となった時期，彼女はセラピストが不在であるという経験ではなく，壁の向こうで性行為にふける両親像，まさに Klein（1929a,

1932）の言うところの「結合両親像（combined parents）」空想の生々しい出現と苦闘していた。

　出産休暇の 4 カ月の間，A がこのような結合両親像に怯えながらも，入院に追い込まれず，生き残ることができたのは，驚くべきことでもある。それは，主治医の定期的な診察による実際的な支えがあったことはもちろんのこと，彼女のこころの中で，「胎児の A がセラピストという母親に抱きかかえられる」という空想の芽が，結合両親像空想や略奪婚空想にとって代わろうとしていたからではないだろうか。

4）クライエントのこころの中に眠る「子ども」を見出す

　治療初期に起きていた不幸は，A が，セラピストという対象に「母親」を見い出せなかったことだと言える。A は，セラピストが，主治医の愛人（父親のパートナーとしての母親）として，主治医（父親）を独占していることを彼女に見せつける，と感じていたので，A 自身が，自分を見守り，話を丁寧に聴き，彼女の情緒を理解する誰かを求める希望すら持ち合わせていなかった。しかし，セラピストが出産休暇から復帰した後，ようやく彼女は，手を伸ばしても振り返ってもらえない哀しみを語ることができた。性的に搾取されてきたと感じ，他者から責められる声に悩まされていた頃の A は，そのような願望が自分のこころの中にあり，それが不幸なのだとは，ついぞ思わなかったことであろう。

　Bion（1962）は，思考の起源について「前概念（preconception）を実感とつがわせること」だと述べている。すなわち，無意識的空想が実感を伴って体験される時，思考が生まれると Bion は主張している。A のこころの中で，表現されることを待っていた「母親的な愛情とそれが得られないことによる苦痛と孤独」という思考の萌芽は，筆者との面接の中で，その実感を得て，形になった。つまり，古い古い過去の記憶の中から，母をこころから求めて，健気に手を伸ばす A の向こうに，背を向ける母の姿

があったという，彼女の原風景が心理療法空間に浮かび上がり，クライエントとセラピストの双方のこころに深い哀しみを生じさせたのである。

　夫に「子ども扱い」されることで却って遠ざけられてしまっていたが，Aが求めていたのは「本当の子ども」として抱きしめられることだったのであろう。セラピストの無意識が個人分析体験と妊娠・出産によって，大きく変化し，真に「親」のこころの機能を持ち始めたことと同時に，Aはセラピストの中に親のこころを見出し，自分の乳幼児部分をみつめられるようになった。それは，言うまでもなく，セラピストが現実に出産すれば自動的に起きる変化ではなく，あくまでも，セラピストとクライエントが，治療や自分の人生そのものに取り組んだ結果の内的状況の変化であることは，この治療報告に記述してきたとおりである。

5）逆転移の精査

　筆者は，あらゆるクライエントに対して，妊娠による体力の低下や不安の高まり，治療が中断することへの罪悪感を多かれ少なかれ感じていた。だが，Aの事例では，先に述べた「セラピストの人間としての性的な側面を見せつける形になり申し訳ない」という気持ちの他に「胎児を守りたい」という気持ちをとりわけ感じさせられたので，これらに注目し続けた。1つ目については既に考察したので，2つ目について検討する。

　この気持ちは，Aの強い攻撃性と嫉妬に対応しているように思われた。実際Aは，小学生の頃，年の離れた同胞を一人で世話しなければならず，同胞の命を預かる不安とともに，自分の自由を奪う赤ちゃんに対して激しい怒りをおぼえた，と語っていた。

　そうした情緒が，臨床場面でセラピストに「胎児を守りたい」という気持ちとして生々しく鮮やかに体験されたことは，Aのこころを変化させる一つのきっかけになり得たと筆者は考えている。つまり，セラピストが「胎児を守りたい」と他の事例よりも強く感じることは，Aの「胎児を破

壊したい」という気持ちと対になっており，それを感知すること，それに
怯えないで意味を考える，という分析的な営みを提供し続けることによっ
て，それが，「前概念」から「考え」へと発展する原動力となりうるから
である。A自身が考えることのできなかった攻撃衝動，名付けられるこ
とのなかった何かを，逆転移という手段でもって捉えることは，その衝動
が激しければ激しいほど，クライエント本人が受け入れられないものであ
ればあるほど，セラピストが担うべき大切な仕事であろう。

　但し，こうした体験は，セラピストが自身の妊娠・出産に対して過剰な
罪悪感をもち，逆転移を精査しない場合は，起こり得ないと筆者は思う。
セラピストの妊娠・出産で問題が発生するのは，出産適齢期の女性セラピ
ストの多くが，比較的訓練経験が浅く，逆転移について十分検討できない
ことに起因するのかもしれない。女性が妊娠時に不安になったり胎児に保
護的になったりするのは自然なことであるが，それが，セラピスト自身の
ものなのか，クライエントとの治療的関係，その呼応の中で生まれている
感情なのかを精査する必要がある。そのためにはスーパーヴィジョンや個
人分析が必須となるだろう。

　個人分析によるセラピストの変化と，妊娠や出産によるセラピストの変
化は，決定的に質の異なるものである。セラピストの妊娠が可視的なもの
である（セラピストの腹部は目に見えて膨らむ）上に，数カ月の治療の中
断は避けがたく，クライエントへの影響が明白なためである。しかしなが
ら，両者は，セラピストの無意識がかかわっているという点で同種のテー
マも持っている。セラピストが実際に母親になっていく過程には，意識的
にも無意識的にも，そして，人としても女性としても，甚大な変化が生じ
る。生まれ変わりと表現しても良いくらいである。筆者の場合，「よちよ
ち歩き」という例を出したAに対して，Aのおぼつかない足取りに対す
る心配がこころに浮かんだだけでなく，Aの歩き出そうという意思や発達，
彼女が母親に向かって必死に歩いてくる姿を想像し，「子ども」をめぐる

イメージが豊かに展開しやすくなった。それは，セラピストが実際の子ども
との早期母子関係の体験の中で，乳児に同一化したり，母親として巻き
込まれたりしながら体得した能力の一つなのだろう。

　こうしたプライベートで全人的な変化について，セラピストが無自覚で
あることはとても危険であろう。セラピストは，こういう時にこそ，自分
自身の無意識が大きく変化している（変化した）ということを知り，みつ
めていかねばならない。

　このように，セラピストの無意識とクライエントの無意識が呼応しなが
ら治療が進行しているという事実があるように思うが，それはもちろんセ
ラピストの個人的な育児体験を治療に当てはめるという次元の問題ではな
いことは断っておく。

II　胎内にいる赤ん坊空想とクライエントの水子（事例B）

　次に検討するのは，ヒステリカル・パーソナリティを基底にもつ女性ク
ライエントBとの事例である。治療経過中に，Bは，B自身が過去に流
産した胎児を想起したが，その胎児が担っていた"血の塊"という無意識
的空想は，セラピストの妊娠を契機に変容していき，Bの内的世界を理解
するのに役立った。セラピストの実際の妊娠が，そうした空想とどのよう
な関連をもつのかを考察する。

1．事例概要

　50代の女性Bは，5人同胞の第4子として生まれ「争いのない家庭で育ち，
両親の喧嘩を見たことがない」ため，「職に就いて初めて，世の中にさま
ざまな人間模様があると知りショックを受けた」という。20代の頃Bは，
交際相手に「結婚してくれないなら死ぬ」と脅されたことを「そこまで好
きなら」と受け止め，親の反対を押し切って結婚したが，日常的に暴力を

受け，殺される恐怖に怯える生活を続けた。そうしているうち B は職業病にかかり，医師に勧められた入院を機に離婚し，後に知り合った今の夫と再婚して 30 代で複数の子をもうけた。

　数年後，症状が軽快して職場復帰したが，強い緊張や睡眠障がいに苦しんだ。40 代で交通事故に遭うと，月経停止や吐き気で寝込み，休職・復職を繰り返した。何カ所かで心理療法を受けたが，奏功しなかったか現実的な制限により中断した。転院先の精神神経科での薬物療法で症状が軽快し，心理療法を勧められて院内のセラピストに紹介された。

　3 回の予備面接で B は，唐突と思われるようなタイミングで「前の心理療法のように暴力場面を再現するのは怖いんです」とセラピストに懇願した。そのためセラピストは，B がこのように他者が支配的な人間であるかのように振舞うことによって，自身のマゾヒズムを維持してきたかもしれないと考えた。また，B は人生の重要な場面で主体的に選択せず，他者に翻弄されて苦しんできたにもかかわらず，現在も夫や子どもの意向に合わせて我慢して生活していた。しかし一時的には不満を抱くものの，自分の生き方自体にあまり疑問をもっていないように見受けられた。セラピストは，B が不安を身体化すること，抑圧や否認といった防衛機制を用いて，葛藤を回避していることから，ヒステリカル・パーソナリティであると見立てた。

　B が精神分析的心理療法の説明を聞いて受け入れたため，保険診療による週 1 回 50 分の精神分析的心理療法（対面法）を開始した。

2. 治療経過

第 1 期　善人ぶる被害者　（第 4 回～第 22 回）

　B は，従順で意欲的であったが「面接は役に立っているけど，昔のようにうつになるのではないかと不安です」と漏らし，治療によるこころの変化を恐れた。B の語りは，仄めかし表現が多い上に，常に怯えた様子であ

るため，セラピストは，Bを傷つけないよう緊張する一方，大切なことを敢えて避けて話すBに違和感をおぼえていた。

　Bは，職場の「ドラマのようないじめ」で被害を受けたと話したが，よく聞いてみると，B自身が加害者であるという側面もあるようだった。しかしBの態度は，自分自身は悪意とも怒りとも嫉妬とも無縁な被害者だと主張していた。セラピストが，Bの加害者的側面を解釈すると，Bは「正体不明のお化けが近づいてくる感じ」と少女のように怖がった。Bの子どもはしばしばBに「お母さんは善人ぶってる」と指摘していた。

　面接開始の数カ月後，Bは，学生時代，教師に継続的な性的いたずらを受けたことや，職場の同僚と深酒した勢いで初めて性体験をしたことを告白し，「断れなかった自分が許せない」と繰り返し自分を責めた。Bはこの告白を「思っていたより早くセラピストに話させられた」と後悔した。外からBに迫ってくる「正体不明のお化け」は「激しくて汚い」「暴走する」自分の内側の性衝動として意識される展開も生じたが，すぐに過食行動によってBの心から切り離され，翌週には跡形もなくなっていた。

　このように，Bは，面接でのセラピストとの接触を性的侵入と無意識的に体験しているように見受けられた。また，セラピストに対して極端に従順な振る舞いをし，「全くその気がないのに男性を誘惑してると言われてしまう」と嘆くBに，セラピストは，わざとらしさをうっすらと感じていることに気付いた。露出度の高い服装でしばしば来談することからも，Bの無意識には，母親（セラピスト）への競争心と誇示，攻撃が眠っているのではないか，とセラピストは考えた。

第2期　セラピストの結婚によって想起された流産
（第23回〜第49回）

　Bは，セラピストの婚約に気づいてから，現実的な理由で事前キャンセルするようになった。そして，Bが迂遠な話を続けてセラピストに質問さ

せ，Bが「うまく話せなくてすみません」と謝ることが繰り返された。「謝る」という行為は，感情の衝突を避けるために彼女が多用してきた手段でもあった。徐々にサド－マゾ的な空気が面接空間を支配していった。

　ある時，主治医の交代を知らされたBが「無責任です」と抗議したので，セラピストが「Bさんは不安なのですね」と解釈した。Bは肯定して「先生は辞めないでほしい」と涙ぐみ，妹が母の膝を独占していて甘えられなかったことを想起した。Bが自分の依存欲求を認めるのは珍しいことで，この場面はセラピストの印象に強く残った。

　年末年始の休暇後，Bは，過呼吸で緊急受診した話に続き，だいぶ昔に，妊娠初期の胎児を流産したことを「全然妊娠に気づいてなかったから，トイレで出てきた血の塊を新聞紙でくるんで病院に行った」と淡々と語った。セラピストは過呼吸と流産の話を聴いて，両手や頭が冷たく痺れ，血の気が引いたが，対照的にBは，何事もなかったように家庭の事情で2週休むと告げた。

　面接後，セラピストは，Bの流産した胎児が表象する，孤独のままひっそりと死んだBのこころの「血の塊」部分を，自分が面接で体験していたのではないかと考えた。セラピストの結婚をうけて「気づかれないまま死に，処分される」部分が前景化し，それをセラピストに投影しているように思われた。

　Bは休みを1週追加し，何度も謝る夢を報告したので「私に謝ることで，何事もなかったことにしたいのでしょう」と解釈したところ，「流産について深く考えたくなかった（から休んだ）」「面接で裸にされそう。裸の自分は怖くて激しい」と応えた。セラピストは，Bが流産した胎児，すなわち自身の生の（裸の）不安や激しい攻撃性に向き合うのを恐れているのだと理解した。セラピストの結婚休暇が近づくと，Bが「話せないです」「考えられないです」とセラピストに謝る，というサド－マゾ的なパターンが再度出現した。

　セラピストの結婚休暇の後，「憂鬱だった」「夫に暴言を吐いた」と話す
Ｂに，セラピストは休んだセラピストへの怒りを解釈したが，Ｂは否定し
て「一生懸命働いた同僚ではなく，普通に働いた自分が高く評価される」
という夢を報告し，職業病時の自分は綺麗でチヤホヤされたと躁的に語っ
た。さらにＢは忙しさを理由に隔週面接を求め，「良くなったから（心理
療法を）卒業したい」と申し出た。

　セラピストは自分の人生の変化がＢの治療に影響を与えたことに罪悪
感を抱いたが，一方で，Ｂの反応が，他のクライエントとは異なるＢ特
有の対人関係の表れであることに注視した。つまり，自分を見捨てて他の
男性を選んで結婚したセラピストに面接終結を申し出ることは，Ｂのこれ
までの対象関係の反復に他ならなかった。彼女は，性的いたずらをした教
師や彼女を酔わせて性交渉を迫った同僚に対し，何もなかったかのように
ふるまい，関係を切っていたのである。その背景には，Ｂ自身に非がない
にもかかわらずひどい仕打ちを受けている，というＢの無意識的空想が
隠れており，そこにアプローチする必要があった。

第３期　セラピストの胎児に投影された空想　（第50回～第64回）

　あるときＢは，陰鬱な表情で，親戚が深刻な病気に罹ってから自分の
死が怖くてたまらないと話した。そして，主治医の交代を知らされた際，
セラピストも妊娠して面接を辞めるかもしれないと不安になって，セラピ
ストに頼らないようにしたのだと語り始めた。セラピストは，当時Ｂが
母親の膝を妹に奪われる連想をしたのを思い出し，妊娠したセラピスト（＝
母親）がＢから去る（＝赤ん坊の世話をする）のは，Ｂにとって死に匹
敵することなのだと思った。すると，流産で死んだＢの胎児は，母に見
捨てられて死んだ赤ん坊，すなわち，Ｂ自身という側面ではないかという
考えがセラピストのこころに浮かんだ。そして，Ｂがセラピストに投影し
ている怒りについて熟考したところ，その赤ん坊は，Ｂが攻撃して殺した

母親の胎内の赤ん坊，すなわち母親の膝を奪う妹という側面も持っている
可能性を思わせた。

　ところがこの時，セラピストは実際に妊娠していた。そのため，セラピ
ストは上記の考えがこころに浮かんだものの，動揺してもいた。これまで
Ｂはセラピストの胎内に赤ん坊を想像し，不安を抱いてきた。Ｂがセラピ
ストの現実の妊娠を知った時，Ｂの赤ん坊空想はどのような影響を受ける
だろうか。Ｂは胎児に嫉妬して攻撃するようになるだろうか。それとも，
自分の攻撃性を恐れて面接を中断するだろうか。Ｂがセラピストの妊娠を
予感して不安だったと，今ここで話していることに大きな意味があって，
ここで取り上げないわけにはいかないのではないか。いや，妊娠を伝え
るのを前倒しにするのは，Ｂに妊娠を察知されたことにセラピストがアク
ティング・アウトを起こしているだけではないか。しばらくの間さまざま
な思いが巡った。そして結局，今，Ｂが，自分の死の不安とセラピストの
妊娠を重ねたという無意識的空想の流れを重んじ，その空想を治療の中で
生かす，すなわち空想の展開の器を用意することが治療的であろうとセラ
ピストは考えた。

　セラピストは，伝える時期を数週間前倒しして，この回で「今Ｂさん
は私の妊娠を不安に思っておられ，それが死に近い体験だと仰っておられ
ますね。私は現在妊娠中で，4カ月後に4カ月の産休をとる予定なのです。
できれば産休後もＢさんを担当したいと考えています」と告げた。Ｂは「そ
うだったのですか」と驚いた。しかし，意外にほっとした顔で頷き「よく
言ってくださいました。先生，お身体大切に」と言った。

　その後，Ｂがセラピストの妊娠経過や胎児に言及すれば，セラピストは
それを丁寧に聴いた。Ｂは，初孫の誕生を待つ祖母のように，セラピスト
の身体を気遣い，胎児の成長を喜んでいるように見えた。セラピストは，
その眼差しに，死んだ赤ん坊への罪悪感も含まれているように感じた。「先
生は妊娠しているのに身軽に動きますね」と言ったときには，セラピスト

に，胎児を軽視する気持ちを投影しているように感じた。

　次第にBは，自らの性に対する感情に取り組むようになった。例えば，Bは早熟だったため，「大人たちにいやらしく見られて嫌だった」と語っていたが，性的いたずらをしていた教師のことを実は好きで，特別扱いされたくて自ら近づいたこと，他の男性にも思わせぶりな態度を取ったことを打ち明けたうえで「そんな自分は認めがたい」と葛藤を口にするようになった。セラピストは，Bが自分の性的アピールで男性を魅了することで，無意識的に母に復讐していたのだと考えたが，Bがそれを意識化するのは難しいようだった。

　また，面接で経験する生々しい感情に耐えられずに隔週面接にしたことに気づき，セラピストの勧めに応じて3カ月ぶりに毎週面接に戻したところ，Bに片思いしていた知人男性Fが，家庭崩壊したり自殺したりして不幸になったのは，自分が関わったせいだと思って怖い，という話題になった。セラピストが「ご自分の気持ちが私や胎児にも悪い影響を及ぼさないか恐れておられるかもしれません」と解釈すると，Bはそれに直接応えず「先生には健康なお子さんを産んでほしい」と答えた。このように，Bは，セラピストに自分の攻撃性を無意識的に伝え始めていたが，セラピストの妊娠中，それを本格的に転移関係に持ち込む方向へは進まなかった。

　しかしながら，依存欲求を認めるようになったBは，セラピストの出産休暇に対して「先生には安心して出産してもらいたいけど，先生がいないと不安です」とおずおずと申し出ることもあった。セラピストは，出産休暇直前の回でBがセラピストの無事出産を祈った時，自分の死んだ赤ん坊だけでなく，セラピストに大切に育てられている自分（分析的赤ん坊）との再会を重ねて祈っているように感じた。

第4期　死への不安と罪悪感　（第65回～第96回）

　4カ月後，セラピストは出産休暇から復帰した。Bは当初，「先生（セ

ラピスト）の休み中は穏やかに過ごしました」と報告したが，実際には婚約中の娘の新居探しを強引に手伝っており，セラピストには，Bがセラピスト夫婦の間に入り込んで破壊する空想をアクティング・アウトしているように感じられた。またBは，「（性いたずらをした）先生からの年賀状が初めて来なかったので，ほっとするけど気がかり」と言った。セラピストが出産休暇とつなげて，「私やその先生と関係が切れたと感じた時，Bさんに愛情と憎しみが浮かんだようですね」と解釈すると，Bは「今日のはじめ，不安を口にするのが怖かった」と打ち明けた。Bは「穏やか」の裏に実は不安があるということを薄々感じていたのである。同じように，「先生（セラピスト）が出産されたからか女同士で身近になった感じがする」と話しつつ，「自分は汚れている」「男性に誘惑していると思われる」と，セラピストへの競争心や性衝動が活性化したために，狼狽してもいた。そして，セラピストとの再会という経験によって「なぜか気持ちがざわつき，このまま消えてしまいたいと思った」ように，自分への攻撃や死に向かう衝動が動き出した。

　Bは，親戚が危篤に陥って以来，死の夢に苦しむようになり，また自殺した知人男性に対する自分の振る舞いを後悔した。それは，父親の死や，流産した胎児の死を黙殺してきたことへの強烈な罪悪感であるように思われた。Bは，彼らの死に関与しているという確信のために，それを完全に否認してきたが，次第に，「砂山の上に立っている」「根なし草」の自分が，何もなしてこなかったこと，何となく周りが解決してくれたことに違和感を持つようになった。

　そして，親戚がついに亡くなった時，新たな展開が生じた。Bは「きょうだいの中でいちばん影が薄く，親にも甘えられなかった」「私はきつい。相手に委ねられないのは信用できないから」「苛々して物に当たる」という新たな自分像を発見し，悔しさ，寂しさ，理不尽さへの怒りをセラピストに見せるようになった。それは，Bがこれまで相手を殺すのではないか

と思って必死に隠してきたものだった。このように自らの攻撃性に気づき始めると，Bは「夜泣きで大変でしょう」「風邪ですか」とセラピストの体調を気遣ったり，凶悪犯罪の報道を聞いて，「自分もブレーキがかからなくなって，そんな犯罪を犯すかも」と呟いたりした。Bは夜泣きする赤ちゃんや凶悪犯罪者として，相手を困らせたり苦しめたりする自分を体験していたのであろう。

　だが，Bは，娘の結婚式を間近に控えると躁状態になり，結婚準備に没頭して面接を連続キャンセルするという事態に陥った。結婚式を終えたBが，空虚な表情で「昔と決別できて，すっかり治ったと思うので，もう面接はやめたいと思います」と言った時，セラピストのこころに，第2期に治療終結を申し出られた時とは異なり，親に甘えたいのに膝の上に乗らない天邪鬼な子どもの姿が目に浮かんだ。セラピストが静かに「Bさんは全然治っていないと思う」と伝えると，Bは目に涙をためて「どうしてですか！」と声を荒げ，しかし「娘の夫が暴力を振るわないか不安になる」「なぜか娘と自分がつながってしまう」と不安を語り始めた。さらに，「面接で自分に向き合うのはずっと苦しかったのに，先生は気付いてくれなかった」とセラピストを初めて強く批判して睨み付け，「取り乱す自分が怖い」「（面接が）しんどいから終わらせたい」と泣いた。面接で苦しさを避けてきたこと，面接を終わらせたいのは，その苦しさに近づいた証であることをBもどこかで気づいているようだった。セラピストは，まさに今この瞬間，Bが自分に向き合い，不安とセラピストへの怒りで一杯になり，それをセラピストに伝えていることが重要なのだと感じながらも，Bのただならぬ雰囲気に圧倒されていた。

　Bは，次の回も，セラピストを猛烈に非難した。セラピストはBの剣幕に圧倒されつつも，Bがもはや「マゾヒスティックな被害者」ではなく，怒りを持った主体になったことに驚いていた。Bがこれほど怒りを爆発させることは，おそらくこれまでの人生で一度もなかっただろう。セラピス

トはとてつもない恐怖を感じ，気付くと手に汗を握っていた。ふと，Ｂは
セラピストやお腹の赤ん坊を殺すのが怖くて，ずっと怒れなかったのかも
しれないとも思った。この時，セラピストの出産から約 1 年が経っていた。

　後にＢは「先生に思い切り怒った日の帰り道，怖い気持ちが出ず，む
しろすっきりした」と振り返り，自分の感覚の変化を驚きとともに何度も
確認していた。そして，これまで外の人物を恐れ怯えていたが，実はそれ
が「自分のなかの悪や毒素」で，「誰でも持っているものかも」と呟いた。
このように，迫害的な不安の正体は，自分自身の持つ怒りであることを彼
女は理解した。Ｂは，テレビの娯楽番組を楽しむ自分を許せるようになる
など，現実生活でのマゾヒスティックな面が弱まっていった。また，中年
女性が好む男優のファンになるなど，自分の性的な欲求についても過度の
罪悪感を持たなくなった。

3. 考察

　治療開始当初のＢは，サド-マゾ的治療関係の中で，性衝動や攻撃性，
依存欲求など，自分に認めがたい情動を分裂・排除していた。Ｂは長年の
間，そのような方法を用いて，「争いのない家庭に育った」という空想を
維持してきたのである。またＢは，早い初潮や性被害のため，男性に性
的に搾取されるという恐怖感ももっていたが，前述したように，母親に対
する競争心と怒りが無意識に潜在しているように見受けられた。

　そうしたなかで起きたセラピストのライフサイクル上の変化は，Ｂの転
移の文脈に絡め取られていった。セラピストの婚約は，「仲の良い」両親や，
Ｂを性的に誘惑しながらも別の女性とカップルになった教師や同僚が，Ｂ
を裏切って排斥したことと同一とみなされ，また，それに続くセラピスト
の結婚は，過去の流産における「血の塊」のような胎児を彼女のこころに
想起させた。

　一方で，まるで自分が「血の塊」であるかのような，Ｂの生気のない語

りは，聴いているセラピストに，冷たくて麻痺し，血の気が引く感覚を呼び起こした。そしてそれは後に，セラピストのこころの中で，B自身の赤ん坊部分や彼女の創造物を表象する内的対象が，悲惨で，冷たく麻痺しているのではないかという理解につながった。セラピストはこのような，逆転移に基づく理解をもとに，Bの無意識的空想への接近を試みた。

　報告した治療過程で，Bの「胎内の赤ん坊」空想は，以下のような三つの変遷をたどったと思われる。1つ目は，母親に気づかれないままひっそり死んだ「血の塊」，2つ目は，両親カップルから締め出されたBが，母親の胎内に空想した「攻撃して殺すべき妹」，3つ目はセラピストとBの間に生まれた「生々しい分析的赤ん坊」である。

1）「血の塊」殺しの反復をやめる

　Bが，セラピストの婚約後の休暇で「流産した胎児」を想起したことは，両親カップルの結びつきに対するBの嫉妬や攻撃を物語っていると言えるだろう。Bの語り方に，セラピストは，二重の意味での遺棄を感じ取った。すなわちBが，当時新しい命の存在に気づくことができず，この世に送り出せなかった上に，胎児の死に気づいた後も，それに対する哀しみ，弔い，痛みや苦しみ，罪悪感の情緒を捨て去ってきたということである。Bは，無意識的にこの「血の塊」を殺し続けていたように思われる。

　Bは，治療でこの無意識的空想が活性化したため，連続キャンセルによってセラピストとの接触を避けた。さらに，一生懸命働く同僚（＝考えるセラピスト）を価値下げし，女性としてチヤホヤされる（＝母親の地位を奪う）という空想の中に逃げ場を求めた。そしてBは，これまでも，強い哀しみや痛みに近づくと，それを即座に切り捨てるという生き方をしてきたが，同様にセラピストに対しても終結を申し出た。

　先に述べたように，セラピストは，自身のライフサイクル上の変化がBの治療に与えた影響に罪悪感を持ったが，Bの「血の塊」空想をセラピス

トのこころにコンテインし，こうしたＢの反応の反復を考えていくことが治療的であろうと考え，治療を提供し続けることにした。

2）死んだ塊から憎しみの対象へ

　Ｂの空想は，その「血の塊」と「（母親＝セラピストの）赤ん坊に膝の上を横取りされること」や「自分の死」とを結びつける方向に展開した。これは，Ｂが，妊娠したセラピスト，つまり母親のこころが別の命に向けられようとしていることに，無意識的に気付いたためではないかと筆者は考えている。ボーダーライン障がいのクライエントが，セラピストが妊娠を告げる前に既に妊娠に気づいていることがあるように（Deben-Mager, 1993），精神分析的心理療法における無意識的な交流を考えると，不思議なことではない。Ｂはセラピストの結婚の時から妊娠を予想して不安になっていたが，セラピストのこころの中でも，「血の塊」がＢの一部であり，Ｂの攻撃対象でもあるのではないか，という思いが形を成してきたという時期であり，同じ時にＢがこの空想を語り出したことには，非常に大きな意味があったと筆者は考える。

　一方，セラピストがこの時妊娠を伝えたことは，逆転移によるアクティング・アウトだと考えることもできよう。妊娠を告げたセラピストの思考プロセスは，今振り返ると動揺のあまり不十分であった。しかし，Ｂにとって感覚水準でしかなかった「血の塊」が，新聞にくるまれて捨てられ，忘れられるのではなく，膝の上に抱かれる赤ん坊であるとセラピストが考えたことは，意味があったように思う。実際，Ｂは，「血の塊」が表象する，自分自身のドロドロした情緒をみつめるようになっていった。

　セラピストの妊娠を知った後のＢは，セラピストの胎児を慈しみ，心配することによって，死んだ胎児への罪悪感を和らげる一方，母親への競争心と思春期の性欲動との関係や破壊性を意識するようになっていった。しかしながら，セラピストの胎児をＢの死んだ胎児と同一視し，激しく

攻撃するようなことはなかった。Bはあまりにも自分の攻撃性を強く恐れていたため，これまで，知人男性の自死，父親の死，流産した子の死に触れることができなかったが，セラピストの実際の胎児にそれらを投影することもやはり難しかったのだろう。振り返ると，セラピストも，Bの空想の展開を受容する努力の一方で，胎児を無意識的に守ろうとしていたことを痛感する。こうしてワークスルーは出産休暇明けに持ち越された。

3）生々しいコミュニケーションの始まり

　セラピストの出産休暇中，Bは，両親の間に割って入ることを示すアクティング・アウトをしていた。それは，妹という邪魔者がいて膝の上に座れないことに対する怒りにもつながっているように思われた。「攻撃して殺すべき妹」を母親－セラピストの赤ん坊に空想したBは，セラピストの体調を弱らせ，凶悪犯罪者のように犯罪に走ることを恐れた。こうして，なぜかいつも男性につけ入れられて性的に搾取される可哀想なB，上から押さえつけられて物も言えなくなってしまう恐怖に怯えたBは，怒りや憎しみを自分の中に持ち，苛々して物に当たり，大声で思いや気持ちを伝えようとする主体へと変容した。

　深刻な病気で亡くなった親戚は，Bにとって，流産した胎児の再来だったのかもしれない。Bはもはや死を黙殺することはなく，親戚に同一化しながら，迫りくる絶望的な不安や，なぜ自分がこのような目に遭うのだという理不尽さ，生きたいという渇望に向き合い始めたようだった。

　今回報告した面接経過の段階で，Bの問題は，十分ワークスルーされていない。しかし，Bの無意識的空想は，セラピストの実際の妊娠・出産を通して新たな空想に展開した。すなわち，Bのこころの中にあった瀕死状態の「母親の胎内の赤ん坊」は，「血の塊」として捨て去られず，さまざまな感情をもつ生々しい赤ん坊，Bの大切な内的対象として生まれ変わったと言えるだろう。Bは，セラピストの手に汗を握らせるほどのコミュニケー

ションを用いて，相手に怒りをぶつけることができるようになったのである。

4）逆転移の利用
——セラピストのアクティング・アウトか，無意識的な呼応か

　筆者は，この事例のみならず，無意識的にセラピストの妊娠に気づいたクライエントを経験しており，同じような報告は他にもある（Deben-Mager, 1993 他）。無意識の水準でのコミュニケーションで，クライエントは，セラピストが母親になりつつある変化を感知している部分があり，逆に，セラピストにも，そうしたクライエントの無意識的空想の変化に呼応していく動きが生じると考えられる。

　こうして無意識的なコミュニケーションが力動的に展開していくところが，精神分析的心理療法の醍醐味であるが，こうした動きとセラピストの個人的な逆転移とは区別されねばならない。例えば，クライエントに，セラピストの胎児への攻撃的な空想が膨らんできた時，セラピスト自身が，自分の胎児に対する攻撃性について十分考えることができていないなら，それがクライエントからの攻撃なのか，自分自身の攻撃性なのかを判断することは困難を極める。刻々と変化する自らの身体やこころに何が起きているのかを，十分に考えることが肝要である。セラピスト個人の逆転移を十分検討しないまま，クライエントの反応をいたずらに分析したり，逆転移を利用したりすることは，反治療的とさえ言えるだろう。

　本事例を振り返った今の筆者は，Bが自分の死に対する恐怖を語る流れで，主治医の交代やセラピストの妊娠による辞職への不安に触れた時，セラピストの実際の妊娠を告げることまではしなくてもよかったかもしれないと思う。それは，Bの空想を十分に受け止められる程度にセラピストのこころが整理できていなかったからである。しかしもっとも重要なのは，B自身のもつ胎児に対する無意識的空想と実際のセラピストの妊娠とを，治療関係の中で創造的に重ね合わせ，彼女の空想が展開，促進すること

はないだろうか。

　娘の結婚式後のセッションで，Ｂは，セラピストの「治っていない」という言葉を契機に，初めて声を荒げ，セラピストをなじった。その時のセラピストは，真実のＢの姿を見たと感じた。セラピストはＢをわざと怒らせたわけではないが，すっかり治ったのでやめたいというのは，子どもがよくつく見え見えの嘘のようで，天邪鬼な子どもが抱き上げられるチャンスを自ら放り出す結末となりそうだと思った。セラピストはＢの本当の不安を理解した上でＢを膝に抱き，その言い分を聴く必要があるように感じた。こうした感覚がセラピストに動いたのは，流産した赤ん坊空想の変遷の理解とともに，セラピスト自身が現実に母親となり，乳児の非言語的表現に開かれたことも関連しているように思われる。

　このように，妊娠したセラピストが，自身の心身の変化を把握しつつ，クライエントの無意識的空想を理解していこうとするのは，非常に困難なことである。しかし，個人分析やスーパーヴィジョンに支えられながら，これらの識別をするよう努力を怠らないことが重要であろう。

5）クライエントへの罪悪感，胎児への罪悪感

　最後に，妊娠したセラピストがもつ２つの罪悪感について述べたい。筆者は，妊娠中，クライエントと自身の胎児の双方に対して罪悪感を抱いた。クライエントに対しては，既に述べたように，クライエント自身の空想の流れを，セラピストの要因で変化させてしまうことや，実際に数カ月も休まねばならないことなどに対する申し訳なさがあった。しかし，あって然るべき罪悪感以上のものを抱いたとき，それが，クライエントのこころを理解する鍵となったことを記述した。複数のクライエントの反応の比較や，それまでの治療経過の理解をもとに，セラピストの抱いた罪悪感の根源を考えることが重要である。

　さらに筆者は，自分だけではなく自分の胎児がクライエントの空想の投

影を受け，その空想に晒されることに，ある種の危険を感じたがゆえ，胎児にも罪悪感を抱いていた。クライエント，同僚，医師を問わず，生々しい感情のやり取りが精神分析的心理療法の主軸であると理解している人には，「胎教に良くないですね」と言われたものである。身ごもった母親として，胎児を守ろうとするのは自然な反応かもしれないが，少なくとも筆者は，第 1 子の時よりも，後の子どもの妊娠時のほうが，クライエントの空想の投影をより積極的に正確に受け止められ，罪悪感も軽減したように思う。これは，個人分析で自分自身を理解し深く知ることによって，また逆に，どうにもならない自分がいることを知ることによって，治療でクライエントの空想をより受け止められるようになるのと，類似する現象なのかもしれない。

　これらのことから，セラピストが自分の胎児に対してもつ罪悪感は，セラピストの万能感という課題を孕んでいるように思われる。換言すると，セラピストの未知の領域——出産を経験する前の胎児に対してもつ空想，または分析を受ける前の無意識——は，セラピストにとって，本当は理解していないのに，その前提すらなく，知らず知らずのうちに「わかっている」「自分の一部」として万能的に扱われているものであるかもしれない。胎児や自分の無意識がもっている自律性や個別性，意識とは全く別次元のものであるという認識に開かれた時，セラピストは，万能的にコントロールしようとすることをやめ，それを冷静に観察し，体験し，理解できるようになるのではなかろうか。

Ⅲ　事例の再考察

　本章では，2 つの臨床事例を挙げて，クライエントの無意識的空想の展開について考察した。病態水準の異なる二人の空想の象徴化は，もちろんその程度が異なっていたものの，いずれのクライエントもセラピストの妊

娠および出産に対して大きな反応を起こした。

　セラピストが出産を機に退職する場合も少なくないが，筆者は，複数回の出産の後，同じ職場に復帰することが多かったので，出産退職をする場合のクライエントの無意識的空想の展開や扱い方について，綿密に考察するだけの経験を持たない。セラピストが退職する場合は，クライエントの無意識的空想は異なる方向に展開する可能性があろうし，セラピスト側の逆転移もだいぶ異なっているだろう。ここでは，セラピストが現場に復帰することを念頭に置いて，前章で挙げた３つの視点，すなわち「クライエントの転移を理解すること」「クライエントの自己探索を促進すること」「逆転移をモニタリングし，利用すること」を用いて，さらに考察を進めたい。

1. 転移を理解すること

　発病時および治療関係で，略奪婚空想が活発に動いていた A にとって，セラピストの妊娠は，即座に見捨てられることを意味し，女性性を司る臓器が病むという空想を生み出すものであった。そうして A は，セラピストを，A を省みずに性行為に耽るひどい母親対象とみなしたようであった。加えて，出産休暇によるセラピストの不在が，A に追い打ちをかけた。A にとって，それは単なる「治療の空白期間」ではなく，強烈に迫害的な空想の中にただ一人置き去りにされるという過酷な体験であった。しかし A は，セラピストの出産休暇までに，性的興奮と母性的愛着の弁別が始まり，「良い母親」への真の依存感情が芽生えていたために，出産休暇という危機をなんとか破局せずに切り抜けられた。そして出産休暇後，性衝動と報復的な色合いの濃かった無意識的空想が，母に見捨てられた果てしない寂しさという情緒を伴う物語に変化した。

　ヒステリカル・パーソナリティを基底に持つうつ病の女性 B は，セラピストの結婚によって過去の流産を思い出した。その流産した胎児は，クライエントにとって単なる「血の塊」で，分裂排除された何らかの感情で

あった。Bは，無意識的に，自分の心理療法プロセスや乳幼児的自己部分が「流産」することを恐れており，それが「血の塊」の想起という形で面接に出現したとも考えられる。Bが，実際のセラピストの妊娠を知ってほっとした様子を見せたのは，その後の展開から考えると，Bがセラピストの胎児に同一化できる状況になったことに対してであるように思われる。Bは，成長する胎児の様子を喜んだり，妊娠していないかのように身軽に見えるセラピストに驚いたりすることを通して，大切にされる気分を味わいつつ，邪険にされる不安に近づくこともした。そうして彼女は抑圧してきた嫉妬や攻撃性を表出する扉を開き，自らの性欲動について偽らずに語れるようにもなった。セラピストの出産休暇中はアクティング・アウトが起きたが，セラピストの職場復帰後，本当の胎児を傷つける恐れがなくなったためか，セラピストに対する大きな感情的爆発が起き，彼女は自分の中に怒りがあることを認める機会を迎えた。

　このように，AとBはどちらも，治療経過中にセラピストの妊娠と出産という事象に遭遇し，母子の依存関係と性的な空想に関する転移が大きく展開された。それは，第2章Ⅵで妊娠したセラピストとクライエントの間で展開される主要なテーマとして挙げた「分離不安」「羨望・競争心」「セクシャリティ，嫉妬，エディプス関係」と重なっている。妊婦を目の前にして，「母子関係」や「性」といった原初的な主題が浮上するのは，やはり自然な流れだと言えるだろう。

　AおよびBは，セラピストに対して，Aに背を向けて仕事や性行為に夢中になっている母親や，捨て置かれて死にかけた胎児Bに無関心な母親を投影していると筆者は理解していた。こうした空想をもつクライエントが「妊婦のセラピストはクライエントをないがしろにして胎児に夢中になっている」と感じた時，非常に緊迫した事態が起きるものである。確かに妊婦であるセラピストにそうした投影を起こすのは重要なプロセスであるが，こうした投影を受け入れた上で，セラピストがその空想を解釈した

時，クライエントＡとＢはいずれも，胎児と対立するのではなく，赤ん坊に同一化するという方向へ動いたように思われる。すなわち，乳児的依存的自己を理解されたクライエントは，セラピストの子どもとしての自分を体験することもできるようになった。Ｂはセラピストの妊娠後期に「先生（セラピスト）の顔がお母さんらしく穏やかになった」と言及することがあったが，それはセラピストが実際の母親としての自覚を持てるようになったことが，外面に表れたことを意味するかもしれないが，きっと，Ｂが無関心で冷たい母親としてのセラピストではなく，穏やかにＢを見守る母親としてのセラピストが見えるようになった，ということを意味しているのだろう。また，Ａがセラピストの妊娠後期に，セラピストの所作を見て「先生はご自分の身体と赤ちゃんを大切にされている」と話し，がむしゃらな母親や自分の生き方と照らし合わせ，母親（セラピスト）と赤ん坊（クライエント）の関係性に関心を持ったことも注目に値する。心理療法を通して，彼女の中に大切にされるという体験が息づいてきたことが，セラピストと胎児への眼差しを変化させたのではなかろうか。

但し，赤ん坊に同一化することが，必ずしも治療の進展の指標であるとは言えない（胎児への同一化が病的にエナクトメントされ「閉所」になった事例もある（第５章参照））。筆者の強調点は，クライエントの乳幼児的自己が治療場面で適切に解釈されることは，母親の元で赤ん坊が愛情深く抱えられる，そういう自分を体験するように感じられるかもしれない，ということである。その舞台として，セラピストの腹部が実際に膨らんでいくことは，大きな意味を持つだろう。

また一方で，クライエントとセラピストが女性同士であったため，エディプス関係，母親と娘の競合という主題も現れやすかったように思う。セラピストの妊娠前から，Ａはかなり強力に，Ｂは微妙な加減で，女性としてセラピストと競争しているように見えた。妊娠という事象は，セラピストの性的活動が活発であることの動かぬ証拠である。それに対して，Ａは

略奪した妻の場を奪われる不安に駆られ，子宮筋腫や乳がんの心配など，女性性が蝕まれる具象的な空想を持った。Ｂはセラピストの妊娠を知る前に，それを予期して，一生懸命働いた同僚ではなく，普通に働いた自分が高く評価される夢をみたり，綺麗で男性にチヤホヤされたと躁的に話したりするなど，セラピストと張り合うかのように見える治療状況があった。ＡもＢも，母親からの関心が不十分だと感じていたために，母親との愛着関係を過小評価して，男性との性的な関係でその不満を補う生き方が共通していた。但し，その現れ方は，Ａの場合はより原始的で具象的であり，Ｂの場合はどちらかと言うと象徴的であった。セラピストは，これらの転移を受け取りつつ，解釈しようとしたが，母子関係の問題と異なり，性的な競合関係についての解釈をするのが難しいと感じた。それは，クライエントがいずれもセラピストより年長であり，特にＢには出産と子育ての経験があること，セラピスト自身が娘から母親へのアイデンティティ移行に格闘していたこと，そして攻撃性の表出を促すことへの躊躇いによるものであった。すなわち，年齢としてはセラピストの方が「娘」であり，クライエントの攻撃性を「母親」として受け止めるには脆弱な状態であったため，転移的なエディプス状況を純粋に解釈することを躊躇したのである。にもかかわらず，セラピストが妊娠によって腹部が膨らんでいくにつれ，「性」の主題は陰に陽に現れるもので，特にＢが，性的な欲動について自ら語るようになったのは大きな変化であった。セラピストの妊娠という状況がクライエントを強く刺激し，否応なく性の問題に誘う面はあるように思われる。

2.　自己探索を促進すること

　セラピストは，通常，クライエントの自己探索を促進しようと努力するものである。しかしながら，妊娠しているセラピストは，妊婦特有の個人的な逆転移——クライエントの攻撃から胎児と自分を無意識的に庇いたく

なるなど——が起きやすくなるため，その実際の行使が難しい場合がある。ここでは，セラピストがそのような逆転移を持ちながらも，クライエントの自己探索を促していく方法について考えてみたい。

　事例Ｂの第3期，Ｂはこれまで自分とは無関係だと片付けていた，知人男性の自死，父親の死，流産した子の死について，自分自身との関連性や責任，自分の攻撃性について気付き始めた素材が出てきていた。それは，セラピストの胎児に対する攻撃性として転移解釈することで，Ｂ自身のこころを理解することが可能であった。セラピストもそう解釈することはあったが，Ｂ自身が自分の攻撃性を強く恐れていただけでなく，セラピスト側も，先に述べた胎児や自分の身を守りたいという無意識的欲求と，出産休暇までの限られた時間のなかで，Ｂの攻撃性をワークスルーすることができないのではないかという不安があり，従来の筆者の解釈の姿勢に比べると，覚悟が足りず，上滑りな解釈に終わっていた。事例Ａの場合も，妄想的世界がすぐに優勢となるクライエントなので，胎児への複雑な思いとクライエント自身の生い立ちを重ねて解釈することはあったが，出産休暇をやり過ごして治療に戻ってきてもらえるよう，どちらかと言うとセラピストとの依存関係を中心に解釈を伝えることが多かった。

　このように，セラピストの妊娠がクライエントに知られてから出産休暇までの間は，クライエントとセラピストがお互い，クライエントのこころの内実，とりわけ強い攻撃性や怒り，妄想的考えに対して踏み込むのを躊躇する動きが生じてしまう。しかしその際，クライエントの自己探索の促進をやめたり，無理に推し進めたりするのではなく，セラピストの妊娠という衝撃による複雑なこころの動きについて，それに踏み込む時期を慎重に待つという姿勢が重要であるように思う。そのためには，今ここでの転移と逆転移にばかり気を取られるのではなく，治療のプロセスを俯瞰し，治療の継続を安定的にはかりながら「クライエントの自己探索の促進」という責務を意識し続ける必要があるだろう。

　本邦の先行研究では，セラピストの出産休暇後のセッションで，出産休暇中にクライエントがどのような体験をしていたかをクライエントがどのように表現し，それをセラピストがどう理解し解釈したかについて記述している報告（上別府，1993；笠井，2002；日下，2002, 2006；若佐，2013）は少ない。しかし出産休暇から復帰した時，クライエントたちが語る空想や休暇中の体験は，クライエントの心理的問題の根幹に近く，決して見逃してはならない。日下（2002）は，産休前の最後の回に「お腹を触らせて欲しい」と頼み，「頑張ってね」と言ったクライエントが，産休中に「人間を産み落とすなんてゾンビだ」という手紙をセラピストに送り，産休後の再会で明らかに太っていたという事例を報告している。このクライエントは，セラピストの不在に対する感情を，食べることで埋め合わせたと考察されている。また，日下（2006）は，セラピストの産休中に，発狂恐怖と「人が死ぬと嬉しくなる自分がわからない」という混乱が強まり，精神科病院に数週間入院し，依存感情を満たしたように見えた事例も報告している。

　Aは，セラピストの出産休暇中，セラピストの性関係を見せつけられているという怒りや嫉妬，迫害恐怖で一杯となり，その上，幻聴を体験して疲労困憊していた。Bは，娘夫婦の新居探しを強引に手伝っており，セラピスト夫婦の間に割って入ることを示すアクティング・アウトを起こしていた。すなわちAの根源的な問題は彼女の結合両親像の凄惨さにあり，Bのそれはエディプス関係での母親との競合で勝ち誇ろうとしていることのように思われた。

　出産休暇復帰後のセラピストの大きな仕事は，こうして膨れ上がりデフォルメされたクライエントの過酷で苦痛な空想をしっかりと受け止めて理解し，解釈によって，クライエントがそれらの空想を考えられるように援助することである。そして，それに対応することだが，セラピストの妊娠中の重要な仕事は，こうした空想の醸成を保持し，適切な時機にクライ

エントがそれを表現できるように，持ちこたえることである。適切な時機はクライエントによって異なると思われるが，事例Ａと事例Ｂの場合は，セラピストの出産休暇後であった。当然のことながら，クライエントの空想を醸成するためには，セラピストの妊娠によって生じる種々の不都合について謝ったり，クライエントの関心や問いかけに応じて自己開示してしまったりしてはいけない。セラピストの妊娠を単なる不幸なアクシデントとして片付けるのではなく，クライエントの自己探索の機会となりうるような場にしていこうとするなら，セラピストの妊娠中の危機的な状況という現実に鑑み，クライエントの自己探索に適している時機を見極め，自己探索の促進をはかっていく必要があると筆者は考える。

3. 逆転移のモニタリングとその利用

精神分析的心理療法で，セラピストの逆転移を利用してクライエントの転移を理解することが治療の基本であることは，第２章で述べた。しかし，妊娠したセラピスト特有の逆転移を検討しなければ，セラピストが，クライエントの転移反応を回避したり否認したりするなどの「転移に対する逆反応」が起きるだろう。また，知らず知らずのうちにセラピストがクライエントに投影するという事態に陥れば，反治療的になる危険すらある。セラピストは，逆転移を利用する以前に，その逆転移がどのような性質であるかを，できるだけ精密にモニタリングしなければならない。このことの重要性はどんなに強調してもし過ぎることはない。

筆者は，いずれの事例においても，妊娠そのものや母親になることへの不安を抱いており，治療の中断に対して申し訳なさを感じたり，心理療法という仕事によって，胎児の安全や平穏を脅かしているのではないかと不安になったりもした。今後の見通しの立たなさに戸惑い，新たなアイデンティティの獲得にも苦労していた。それは，第２章Ⅴでまとめた先行研究の指摘通りである。確かにこうした事態は，セラピストにとって大きな負

担であり，これまで通りの姿勢で心理療法に臨むのは非常に難しい。

　だが，それらの感情を回避したり否認したりするのは，治療の役に立つようには見えなかった。例えば，妊娠中期，胎児が内側からセラピストの腹部を蹴って来るのはよくあることでもある。それがなかったことのように，クライエントの語りに耳を傾けることが治療的だったかというと，そうではなかったように思う。室外で大きな物音が聞こえると，そちらに注意が向いてしまうように，セラピストの内側から心理療法に侵入してくる何かがあり，それがクライエントのこころを理解しようとするセラピストの心的状態に対して，どう影響しているのかを考えることが重要であった。筆者は，クライエントが攻撃的かつ侵入的な時に，胎児に強く激しく蹴られることが多かったと記憶しているが，それは，セラピストがクライエントに反撃したい気持ちを表していたのかもしれない。これらはすぐさま解釈する類の夢想ではないが，クライエントの素材とそれが一致するタイミングを待ち，解釈を検討することはあっていいことだろう。

　そういう点で，妊娠したセラピストが自身の逆転移に真剣に取り組んでいるという状況は，クライエントの無意識的空想に対応すると感じられる情緒を，セラピストの無意識がつかんで，夢想し，クライエントのこころの理解につなげていく営みであり，セラピストの妊娠時以外の状況と何ら変わらないのではないだろうか。

　事例 A では「性的な側面を見せつけて申し訳ない」「胎児を守りたい」という思いについて検討し，事例 B では「Bの攻撃性を避けたくなる」気持ちや，二種の罪悪感，セラピストの万能感について考察した。先の3つは，クライエントがセラピストに投影してきた思いを，セラピストが感知したと考えられる。既に述べたが，人生や転移の中で繰り返されているクライエント自身の問題の無意識的側面や「考えられない考え」をセラピストのアルファ機能を用いて解釈することで，意識化を促進することができるかもしれない。後の，二種の罪悪感，セラピストの万能感について

は，既に述べた通りである。付け加えるとすれば，胎児も治療も無意識も，すべてセラピストのコントロール下に置くことはできないということである。それらの自律性と，運命を受け入れた上で自我が仕事をしているのだということを認識することが，セラピストの仕事ではないだろうか。

　また，事例Bの考察で，セラピストの妊娠中および出産後の治療的態度の変化について，逆転移のアクティング・アウトか，無意識的な呼応か，という議論を提示した。両方の事例の面接中，セラピストは「よちよち歩きの幼児A」や「預けられて放っておかれる子どもA」，「親に甘えたいのに，膝の上に乗らず騒ぎ立てる天邪鬼な子どもB」を空想している。これらは，クライエントの面接経過中の発言や空想を用いたセラピストのもの想いや空想であるが，おそらくセラピストが実際に親になったという事情も影響している。Marlin（1988）は，セラピストが親になることによって，治療状況がより良く理解できるようになったと述べている。既に述べたように，個人的な子育て体験を心理療法でのクライエントのこころの理解に単純に当てはめるのは愚かなことである。しかし，実際の親になることによって，セラピストの無意識が，大きく刺激を受けることは間違いない。日々，生まれてきた現実の赤ん坊と親密なコミュニケーションを持つことで，親は心身ともに大きく揺さぶられ，空想と現実の狭間に漂い，原初的な感覚が研ぎ澄まされる体験をするだろう。とてつもなく荒々しい泣き叫びや，死んでしまったかのような静かな時間，お互いの気持ちが通じ合った時に伝わる温かさ。過剰で敏感になり過ぎないように留意する必要はあるが，こうした感覚は，重篤なクライエントとの心理療法での感覚に繋がるものである。

4. 治療空間のコンテイニング

　最後に，前章に挙げた3つの視点に加え，治療状況を保持するために重要だったことについて，付言する。出産休暇中のクライエントの病状の悪

化やアクティング・アウトについて，修復不可能な程度に破壊的な状態とはならず，出産休暇後に，その症状や行動の意味をセラピストとクライエントで考えるという営みができたのは，主治医による適切なマネジメントおよび医療スタッフによる継続的なサポートに恵まれたためであったことを明記したい。

　心理療法中断中も，変わらずに定期的な診察が提供されることは，クライエントにとって，治療的器の中に居続けるという体験となり，セラピストとのつながりを信じる道標となるだろう。そういう意味で，セラピストの妊娠・出産という危機は，治療チーム全体で支えてもらうと乗り越えやすいのは間違いない。それは，産褥期の母子が，父親を含む家庭や社会という環境の中で抱えられる必要があるのと同じだろう。上別府（1993）は，1回目の妊娠と2回目の妊娠を別々の職場で体験したが，産休1カ月前になっても新事例の担当ルーティンから外されることがなく，引継体制を決める動きもなく，産休直前まで妊娠がまるでないかのように扱われていた臨床現場においては，クライエントへの罪悪感を強く覚えたという。このように，臨床現場が，セラピストの赤ん坊を無視するような環境において，クライエントの赤ん坊空想を扱うというのは著しく困難である。心理療法が適切に提供されるためには，心理療法自体がコンテイニングされる必要があり，環境設定は非常に重要な要素である。

　しかしながら，筆者の個人的感覚として，母体への過度の気遣いは，大きなお腹を見る側の人々の，妊婦に優しくしたい，母子を傷つけたくないなどの投影が強いようにも思う。母親となりつつあるセラピストに必要なコンテイナーは，妊娠によって低下または変化しているセラピストの能力を，それはそれとして関心を持って見守っているという環境ではなかろうか。そのためには，妊娠や出産がどういうものなのか，その本質について，よりたくさんの人が理解していることが理想的であるが，少子化の昨今，それも難しいことなのかもしれない。

第5章

事例研究
セラピストの妊娠を契機に
変化する治療プロセス

I　エナクトメントとアクティング・イン

　ここまで，セラピストの妊娠がクライエントの無意識的空想を刺激すること，そしてセラピストがその空想の展開の場を提供した結果，クライエントの深層に眠る苦痛や願望がよりはっきりと体験される治療機序となり得ることを提示してきた。

　本章では，セラピストの妊娠を契機として変化する治療プロセスについて，「エナクトメント（enactment）」という視点から，2事例を考察する。エナクトメントは「実演」（Schafer, 1997 ／福本訳, 2004；松木, 2005）とも訳されるもので，クライエントが治療に持ちこむ，非言語的な，表現と呼ぶには非常にささやかなある種の行動を意味しており，Joseph（1985 ／ 2000）を筆頭に Klein 派の分析家たちが重要視しているものである。

　転移において，クライエントの早期の原初的な対象関係，防衛，葛藤などのほとんどは，言語化されるのではなくエナクトメントされる。クライエントは，不安を避けるために，姿勢や声色の変化といったエナクトメントを通してセラピストに微妙な圧力をかけ，セラピストにもアクティング・アウトするように誘い込み，自身の心的平衡を保とうとする。セラピスト

は自分がクライエントにどのように使われるかに注目することで，クライエントの内界をよりよく知る機会を得るが，これらは逆転移という手段によってしか捉えられない類のものである。例えば，セラピストは，クライエントの不安げな口ぶりに対応して，保証したい気持ちが湧き，いつもより丁寧に応答したり，変化のない日々の報告を続けるクライエントに対し，関心がいつの間にか薄れたりすることに気付くことがある。それらは，クライエントが，自分の対象関係や世界観の在り様を転移し，セラピストがそれに微妙な形で引きずり込まれているのであって，この駆け引きをクライエント理解に利用するのである。換言すると，セラピストは，逆転移を通してクライエントの内界を推し量るという取り組みによって，エナクトメントされたものを考えられるものにしてゆくのである。

　妊娠したセラピストは，セラピストの腹部が膨らんでいくという現象によって，治療内に一種独特の雰囲気を持ち込む。筆者は，こうしたセラピストの変化がクライエントのエナクトメントを招きやすいと体験してきた。前述したように，セラピストの妊娠によって賦活されるものは無意識的なものであり，それを直接言語で表現するクライエントは少なく，夢や暗喩，エナクトメントで表現することが多い。本来，セラピスト側が誘発するようなエナクトメントは望ましくないものだが，前述したように，セラピストも自身の人生を歩んでいるので不可避の現象でもあり，その前提で考えることが臨床的であるように筆者は思う。よって，セラピストが妊娠した局面で，クライエントがエナクトメントするものを意識的・無意識的空想に，それらの空想を体験的理解に変えてゆく営みが重要であると筆者は考える。本章ではセラピストの妊娠を契機に変化した治療プロセスを詳細に検討したい。

　なお「アクティング・イン（acting in）」という「エナクトメント」と類似の概念もある。アクティング・インとは，治療場面外の行動化を意味する「アクティング・アウト」に対応して，治療場面内での行動化を意味

する概念である。アクティング・アウトは治療を妨げる抵抗や問題行動という意味合いが強いのに対し，アクティング・インは，セラピストへのコミュニケーションの一方法として直に体験し，関与することができるため，治療上重要であるとされる。エナクトメントは，クライエントの非言語的でささやかな表現をセラピストの逆転移を使って全体状況の中で理解するという点が，アクティング・インは，治療場面での行動化すなわち非言語的交流の一形態という点が，それぞれ強調されている。本章では，これらがどちらも治療場面における無意識的空想の現れであるという視点のもとに，詳細に区別せずに論じることにする。

II　からっぽのこころに瑞々しさを取り戻させた嫉妬 （事例 C）

　筆者は，対人関係で過敏性が高まっていた抑うつの青年期女性が，セラピストの妊娠という事象をきっかけに，弟への嫉妬を実感するとともに，主体性と母親 - セラピストへの依存欲求を取り戻し，社会適応していく面接を経験した。本事例で，クライエントの無意識的空想の展開と，クライエントの表現がアクティング・アウトからアクティング・インへと質的に変容していった過程を論じたい。

1.　事例概要

　通信制高校生の C は，心因性頻尿を主訴に，親戚とともに総合病院の精神神経科を受診し，数カ月の薬物療法の後，心理療法を勧められ，セラピストに紹介された。C はふっくらとした，おとなしい印象の 10 代後半の女性だった。

　本人によると，幼稚園時の C は泣き虫でよく先生にくっついていたが，小学校時は活発で外遊びが好きで，友達も多かったという。中学生の時，

友人達に悪口を言われているのが聞こえたため，Ｃが彼女らと距離を取ったところ，その態度が生意気だということで，さらに無視されることとなり，学校に行けなくなった。当初「お腹が痛い」と嘘をついたが，そのうち本当に腹痛が起こるようになったという。母親と，登校するか否かで言い争いになり，母親に「（不登校は）恥ずかしいから家にいなさい」と言われ，その頃，仕事を始めた母親に代わって，炊事や洗濯などの家事全般をするのがＣの役目になった。Ｃはそのことについて「家事をしていれば文句を言われないから（これでいい）」と説明した。Ｃの同居家族は，他に，穏やかで優しい父親と，Ｃにお金をせびる２歳下の弟がいた。当時，弟が起こした，攻撃性に関する社会的な問題の対応に追われていた両親は，不登校のＣを心配する状況ではなかったという。

　その後，通信制高校に進学したＣには，こころを許せる友人はできなかった。友人に一方的に利用されたと感じる場面では，モヤモヤしながらも友人に強く言い返せず，保健室に入り浸ることで，不登校期間がありつつも何とか登校を続けた。

　Ｃは，頻繁にトイレに行かないと落ち着かないこと，持ち物や戸締りを確認しても心配なこと，夜寝つくのに時間がかかり，寝ても疲れがとれないこと，食べてストレスを発散していること，相手に否定されるのが不安でいつも相手に合わせてしまうことを悩んでいた。彼女は，３回目の予備面接で「<u>中学校にいるのが小学生，小学校にいるのが中高生，とあべこべな感じの所。皆でワイワイしていたら，銃を持って殺し合いになり，自分は友達と逃げ回る</u>」という夢を報告した。

　セラピストは，Ｃが，強迫，身体化，抑うつ症状をもつ，スキゾイドパーソナリティのクライエントであり，親密な関係を回避することによって，生々しい情緒をも感じないようにしていると考えた。Ｃが分裂排除した攻撃性を弟が体現しているようでもあり，Ｃはサディスティックな他者とのサド－マゾ関係の維持でこころの均衡を保ってきたように思われ，そうし

た傾向が，不登校を経て通信制高校の狭い人間関係を通して固定化された
とセラピストは見立てた。ただし，沈黙を挟みながらも，一生懸命言葉を
選んで話す C は，内省および言語による自己表現が可能な人で，精神分
析的な心理療法は C に有益であろうと考えた。そこで週 1 回 90 度対面法
50 分の心理面接（保険診療）を設定した。

2．治療経過

第 1 期　こころをからっぽにして　（第 4 回〜第 70 回）

　C は，面接時間のだいぶ前から待合室でじっと待ち，セラピストに名前
を呼ばれると，嬉しそうに入室するのが常だった。しかし，母親への不満
を述べることが数回続いた後，C は急に押し黙り，かなりの時間沈黙する
ようになった。セラピストが沈黙について尋ねると，C は言いづらそうに
「保健室で友達の悪口を言ったら，後ですごく罪悪感が出てきた」「ここで
も悪口ばかりにならないか心配」「不登校は無視が嫌だったからかな？
それ以外にもある？　でも，考えようとすると，他のことをぱーっとして
しまう」と言った。C は，ひとたび誰かに怒りをおぼえると，即座に罪悪
感や自責の念が浮かんできて，それ以上考えることができないようだった。

　回を重ねるごとに，セラピストは，沈黙のまま微動だにしない C を前
にして，C に話すことを強制しているような罪悪感が芽生えるのを感じた。
セラピストが，比較的話しやすそうな話題を振っても，C は辛そうに「何
も浮かびません」と言ったきり，再び黙ったまま面接時間の大半を過ごす
のであった。セラピストは，C に苦行を与えているだけで役に立てていな
いという無力感，一体何を提供することが C のためになるのだろうとい
う徒労感の中，彼女の言葉や感情の自発的な動きを待ち続けた。あまりの
沈黙の長さに眠気が生じることもあった。もしかしたら，C はとてつもな
く怖いことを考えているのではないか，と空想することもあったが，乏し
い臨床素材からは，その逆転移を正確に利用する手がかりは見い出せな

かった。

　面接を始めて数カ月経ったある日，セラピストとCは，院外の小さな食堂で偶然出くわし，軽く会釈して別々に食事をとった。しかし後日，セラピストがそれについて尋ねても，Cはまったく気にとめていなかった。「人の名前や顔をよく忘れるから」と言うCに，セラピストが「私のこともですか？」と尋ねると，「うーん。名前はそのうち覚えるかな，と。外で会った時も，似てる人かなって思ったくらい」と答えた。セラピストは驚いた。Cは，毎回，面接時間のだいぶ前から待っており，セラピストとの面接に何らかの期待があるのだろうとセラピストは思っていたが，Cを待っている相手が誰なのか彼女は覚えていなかったのである。セラピストは，ふと，Cも家族にとって「家事をしてくれる誰か」なのでは，と思った。すると，取り換え可能な人間関係の中で役割だけをこなし，「からっぽ」のこころを持って誰かの隣に佇むCという輪郭が見えてきた。Cは，主体性全体を投げ出し，セラピストに何かを「感じさせる」ために面接に来ているのだろう，とセラピストは理解するようになった。

　沈黙のセッションは続き，第25回ではとうとう一言も発することがなく，深いため息をついて退室した。次の回，Cは「話せない自分に苛々した」と言い，過食がひどくなったことを仄めかした。セラピストは「Cさんは貪欲に甘えたい気持ちを私に伝えるのが難しいのですね」と伝えたが，Cはピンとこないようだった。「最近，疲れてよく寝てる。前は"なんで？"と考えたことも全然考えない」と言うCは，卒業までの単位がわずかとなり，学校の先生に勧められて大学受験を決めたものの，全く覇気がなく，あらゆることが投げやりになっていった。

　その頃，Cをしつこく遊びに誘う友人がいた。その友人は，即座のメール返信を求めたり，病み上がりのCを無理に外出に誘ったりする人で，Cは仕方なく従っていた。当時，セラピストはそれが女性の友人だと思っていたが，後にその友人と交際することになったとCが話した時，それが

男性であることが分かった。恋人関係になっても，Cの彼氏は自分の都合を優先し，Cが不満や不安な気持ちを少しでも言うと，「Cのせいでしんどくなった」と何時間も叱責した。Cは勉強も家事もしなくなり，彼氏と遊びに出かけた後にひたすら寝るという生活を続け，大学受験の準備も殆どしなかった。セラピストは，Cが本当にしたいことは何だろう，と考え続けたが，Cは恐怖から逃げることを目的化しているようで，セラピストに助けを求めているようには見えなかった。この頃，主治医が交代したが，Cは特段何も感じていないように見えた。

　彼氏に振り回されて疲労困憊するにつれ，Cは感覚に異常をきたし始めた。「授業で先生の声がブツブツ切れて意味がわからない」「レポートの続きをしようとしても，前に何をやっていたか全くわからない」と言い，物忘れもひどくなった。ついにCは，約束をすっぽかして彼氏に怒鳴られ，その剣幕に怯えた。それに続いた大学入試の本番も試験に全く集中できず，気が付いたら試験が終わっており不合格となった。

　セラピストは，Cが周囲を感知する感覚を無意識的に攻撃していると考えていた。Cが，彼女を利用する友人や彼氏との関係を切れずにいたのは，自分の攻撃性を排出して他者に投影し，その攻撃を受けるという関係を持ち続ける必要があったからだが，Cは，もはやその関係に耐えられず，すべてを解体し，忘却し，ひきこもるという危機的な状況を自ら作り出し，大きな変化を起こそうとしているようにも見えた。

　そんななか，彼氏がCに暴力をふるい，それをCから聞いて激怒したCの両親が介入して，二人は別れることになった。しかし，その後も彼氏がCにつきまとって脅すことがたびたびあり，親がCを学校に送迎することもあった。セラピストは，Cの両親が，大切な時には介入してCを守る力があるということに，少し安堵した。だが，そのことについてCは「周りは色々やるけど，私は何も考えてない」と言い，むしろ，自由を束縛されて息苦しいという様子に見えた。

　治療場面でも，“セラピストがＣのことを考えれば考えるほど，Ｃは空っ
ぽになり，何も考えない”現象が起きているようだった。セラピストは，
Ｃが自ら養育対象との関係を切り捨て，経験から学ばないようにしている
こと，それゆえにＣの主体性を取り戻すことの難しさを感じた。すなわ
ちＣは，Ｃ自身の主体性や考えられる能力を，セラピストに全面的に投
影しているので，セラピストが転移解釈することは，Ｃにとって，自分の
こころを理解してもらう体験ではなく，主体性を奪われるという経験に
なってしまっているように思われた。セラピストは八方塞がりだと感じた。

第２期　胎児に投影された，弟への嫉妬
（第71回〜第103回とセラピストの産休）

　第71回で，セラピストが結婚に伴う改姓を告げると，Ｃは軽く驚いたが，
気に留める様子はなかった。数カ月後，Ｃは，卒業によって学校という居
場所を失ったが，その喪失感は過食や頭痛，前の彼氏のつきまといに対す
る怯えなどに取って代わられた。高校時代の友人が，体調の悪いＣを無
理矢理遊びに連れ回したり，断ってもしつこく仕事を紹介してきたり，遊
びの様子を勝手にブログに書いたりして，Ｃはげんなりしていた。

　第81回の前にセラピストは自分が妊娠していることに気づいた。出産
と出産休暇の予定を考える中で，セラピストは個人的な逆転移として，面
接の行き詰まりについて焦りが生じた。セラピストは，沈黙を続けるＣ
を待つことがとうとうできなくなり，「Ｃさんは，ここでご自分の気持ち
に向き合えていますか」と問うてしまった。次の回Ｃは，「何も話せない
自分が悔しい。先週，先生が言ったとおり，自分に向き合ってないなと思っ
た」と答え，友人への怒りを断片的に語り，後に「ここに来る前は，自分
のことを話すつもりで来てるけど，爆発的な自分が出るタイミングと合わ
ない……帰ってからとか翌日とかに出る」と返した。「話そうと思って来
る自分」や「爆発的な自分」がいることについて語ったのは，これが初め

てであった。セラピストは，Ｃの怒りに近づけるかもしれないという感触
を覚えると同時に，これまでＣの主体性や乳児的自己が動き出すのをじっ
と待っていたのに，Ｃの気持ちを強引に引き出してしまった感覚も持った。

　第87回で，セラピストが，セラピストの妊娠と4カ月後に始まる4カ
月の産休を伝えた時，Ｃは初め「寝不足でぼーっとしてる」と言って聞き
流したが，やがて「弟がＺ発作を起こすと世話してもらえるのに，私はほっ
たらかし。やる気なくす」と珍しく語気荒く話し始めた。セラピストは，
これを，世話をしてもらえる弟（＝セラピストの胎児）への嫉妬であり，
激しい怒りの表明であると考えたが，ようやくＣが主体的に連想を語り
始めたという状況を考慮し，転移解釈を保留した。

　続く3回で，Ｃはよく話をした。例えば第88回で，祖父母は弟のＺ発
作のことを話題にして心配するのに，自分が精神科にかかっていることは
タブー視され，誰も話題にしないし，Ｃも隠れて服薬しなければならない
と語った。そして「でも私は話してもいいと思っている」「理解されたい，
受け止めてほしい気持ちがある」と表明した。Ｃは，自分にも世話や手当
てが必要な傷があり，それを弟が不当に独占されて憤っている気持ちに近
づいていった。そして第90回で，長年Ｃがかかっていた内科医の退職に
涙を流し「ほったらかしにされる感じがする」と絞り出すように言った。
Ｃは，精神科主治医の交代，セラピストの産休，内科主治医の交代を「ほっ
たらかし」だと感じると言葉にしてセラピストに訴えたのである。

　次の回のＣは，お腹を抱えるようにして「うー，うー」と苦しそうに唸っ
ていた。この時，セラピストは，Ｃの激しい痛みと言葉にならない切迫し
た苦しみが，こころにどっと流れ込んでくるのを感じ，唸り続けるＣをじっ
と見守っていた。この唸りが，今のＣの苦しみを乗せて伝える唯一の表
現であるとセラピストは感じた。セラピストは「とても苦しいことを私に
伝えに来たのですね」と言うのがやっとであった。

　驚いたことにＣは翌回から，「先生が休みの間，何か目標を作ろうと思

うけど……みつかるかなぁ」「先生がいない間，寂しいし，哀しいし，怖い」
「ここで話すとちょっと安心するのに……」と言葉で気持ちを伝え始めた。
そうして面接でこころの内を吐露した翌週，Ｃは「前の面接で何を話した
か覚えてないのに，家に帰ってすごく落ち着いてたから不思議」と恥ずか
しそうに報告した。セラピストが「Ｃさんは，先週，私に気持ちを預けて
帰ったのでしょう」と伝えると，Ｃは「ああ！　先生の休みが不安だって
先生に話したら，そうでもなくなったんだった！　不思議……」と言った。
こうして，Ｃの「唸り」は「言葉」となり，「不思議」な，そして「気持
ちを預ける」感覚へと変わっていった。

　同時期に弟がまたＺ発作を起こした。「しんどいと言わなくても分かっ
てもらえる弟が羨ましい」と言うＣに，セラピストが「しんどいと言わ
ずに分かってほしいという強い気持ちが，私に対してもあるのでしょう」
と伝えると，Ｃはあっさり肯定した。Ｃは，自分の気持ちをセラピストに
主体的に投げかけることができるようになり，セラピストがそれを転移解
釈として伝えても，Ｃの主体性を奪うことにはならないという実感がセラ
ピストにもたらされた。

　Ｃが「私が求めてるのは，安心感と話す場所だと思う」と語った頃，出
産休暇まであと１カ月となっていた。音楽を大音量で聴いて，気持ちを紛
らわせながら眠ろうとし，甘い物を過食している，布団に潜ったり，押入
れに隠れたりする，と話すＣに「私が休むことについて，Ｃさんが本当
に困っていることが伝わってきます」と話すと，Ｃは静かに泣いて頷いた。
セラピストが「私が戻ってこないのではないかと不安でしょうか」と訊く
と，「実は，先生が結婚した時，子どもができて仕事をやめるだろうと思っ
てた。赤ちゃんの話も，初めは休みじゃなくて辞める話だと思ってた」と
打ち明けた。セラピストに見捨てられることを確信していたＣは，セラ
ピストに見捨てられるかもしれない不安を感じるＣに成長していた。

　Ｃは，出産休暇の直前になっても「寝る前に特に不安になって，毎日泣

いてしまう」と話した。セラピストはこんなＣを置いて休むのが心配になった。しかし同時に，こんなに瑞々しい感情や訴えかける強さがＣにあることに心底驚いた。Ｃは，セラピストの胎児に直接的に嫉妬や怒りを向けることはなかったが，セラピスト（母親）が胎児（弟）に手いっぱいになっていることに，歯がゆさと恨みがましさをもっており，注目を取り戻そうと必死になっているように思われた。

第３期　頼らせてくれないセラピスト
‐ 母への怒りとアクティング・アウト（第104回～第150回）

　セラピストの４カ月の出産休暇明け，叔母の勧めで趣味を始めたためか，明るい印象のＣは，セラピストとの再会を「久しぶりで緊張と楽しみが混じってる」と話した。しかしＣは，面接後に寂しさを強く感じるようになり，インターネットの人間関係にのめりこんで，男性に次々電話番号を教えたり過食したりした。そこに元々の友人や元彼からの法外な要求が加わって混沌とした状況となり，投薬量が増える事態となった。再開の１カ月半後には，インターネットで知り合った人たちとかなり遠方でボランティアをするという話になった。Ｃが心配したのは「移動中のトイレ」のことだったが，セラピストには的外れなことのように思われた。しかし結局，他のメンバーから「明るくね」「しんどくなったらダメだよ」と言われ，「私は今のままじゃダメなの？」と反発し，参加を見送った。

　Ｃは，問題を先延ばしすることが多かったが，それは困っているＣをほったらかしにするＣの母親（＝産休を取ったセラピスト）の態度の模倣であるように思われた。セラピストがそう解釈すると，ついにＣは母親に，心や身体のしんどさを説明して，現実的に家事負担を減らしてもらう運びとなった。そして「"受け入れてよ"とずっと思ってたけど，もう受け入れてもらってるんだと気づいた」とこれまでにない発言をした。この頃，Ｃの服装は弟と兼用のダボダボのＴシャツではなく，女性らしいカット

ソーに変わっていた。

　そしてCは，面接中は沈黙しているのに，終了間近に大切な話をする
ようになった。男性関係に関する抜き差しならぬ内容で，それを聞かず
に帰すとCはもうここに来ないのでは，とセラピストが思うほどだった。
セラピストは，年頃の娘をもつ母親のように，面接の終わりにひやひやし
ながらCを見送った。Cは，「卒業後もいつでも連絡していいよ」と言っ
てくれた高校の保健室の先生と予定が合わず，結局会ってもらえなかった
ことを「本当は頼ったらダメなんだと思った」と話した。Cにとって，出
産休暇を取り面接時間の終了を告げるセラピストは，頼ってきたCを拒
否する保健室の先生であった。

　Cは，ひどい風邪をひいても看病してもらえず逆に家事を押し付けられ
たこと，Cが家事の対価としてもらう小遣い以上の額を弟がもらっている
ことを悔しそうに話した。面接で気持ちを語ると楽になると実感するにつ
れ，面接時間内に大事な話を持ちこめるようになった。インターネット上
でもそれ以外でも，お節介だが優しい助言をする人，Cを信頼して仕事を
任せてくれる人などと付き合い始めた。この頃，以前の精神科の主治医が
戻ってきて，再び彼女の主治医になった。

第4期　「私」のスペースの発見　（第151回〜第196回）

　Cは，「先生と会ってほっとした後，家に帰ると寂しさが募る」と言い，
インターネットで知り合った男性と次々デートを重ねるうち，相手の求め
に応じて深い関係になった。「その時は何も考えてなくて……どうでもよ
くて。でも後で，何してるんだろう，虚しくて。しんどいと思った」と言
うCはとても痛々しかった。セラピストは「Cさんは心底傷ついている
ように見える。私がつかみ損ねているCさんの寂しさを一緒に考えたい。
だからもう，そういうことはしないでほしい」と制限した。Cは顔を赤ら
めて「もうしない」と言った。この時セラピストは，Cが面接終了の分離

のたびに，セラピストが赤ん坊（弟）の世話をしていることに対して，耐えがたいこころの痛みに苛まれていたのだと思い知った。

　その頃Ｃが，ふと面接室で，我々の椅子の背後にあった6畳ほどのカーペットスペースを指し，「ここは何のための場所ですか」と訊くことがあった。セラピストが「子どもの患者さんの遊ぶ場所として用意しています」と答えたところ，Ｃは翌回，意を決したように「あっちで喋ってみたい」と言った。セラピストは，Ｃが背後にいつもあった，「子どもの場所」（子どものこころを表現する場）を自ら発見したことも衝撃だったが，その「子どもの」場所を「自分の」場所として，使用したいと申し出たことに感動をおぼえ，その申し出を受け入れることにした。

　Ｃは，そのカーペットスペースに座って「働きたい気持ちもある」と語ることもあれば，「元彼に抱きしめてもらいたくて，お金を貸した。でも，本当にお金だけが目的で……」と泣くこともあった。そして，自宅で「気づくと腕にナイフを付けてる自分がいたけど，先生（セラピスト）が私を心配してくれるのが，前の話でよくわかったから」と思い止まることもあった。Ｃは，そのスペースで，他者を求めるＣの思いが，性的，金銭的に利用され，裏切られることへの怒りと苦しみを，涙とともに語った。その語りは，本当に切なく苦しく，痛みを伴うもので，かつてのような空虚さはなくなっていた。セラピストは，Ｃが急に現代の若者らしくなったことを感じた。

　Ｃは「弟との喧嘩で，初めて言いたい事の8割が言えた！」と報告した後，「今回ネットで知り合った人は，一方的な約束もしてこないし，私のことを考えてくれる。付き合ってることをちゃんと親に言っといて，と言ってくれる」と，交際が始まりそうな予感を事前にセラピストに伝えた。

　Ｃは度々，セラピストの前でしみじみと泣き，泣いた後「今日はここで泣けて良かった」と晴れやかに笑うようになった。風邪で寝込んだ時，たくさんの夢をみたＣは，幼稚園で，先生にくっついて離れず，独り占め

したいと激しく主張した自分を鮮やかに思い出して語った。「弟のこともあるし，不登校になって，ヨイコになって——でも本当にはヨイコになれなかった。ずっと，誰にも，私のことわかってもらえなかったけど，先生にはわかってもらえた」と泣いた。セラピストが「私のことも独占したいけど，できなくて悲しい気持ちもあるのでしょう」と告げると，「話せない時はそうだった。でも今は，別れてもまた来週があると思えるから」と答え，セラピストの目を覗き込むようにして「先生」と強く語りかけるようになった。治療関係が大きく進展したという実感が，両者に共有された。

　第182回で，セラピストは，第2子の妊娠と数カ月後の退職をCに告げた。Cは噛みしめるように「いつかこの日が来ると思ってた」と言い，自ら探してアルバイトを始めた。そこでの対人関係で悔しさやパニックを体験しつつも，「先生ならこう言うかな，と思って落ち着く時もある」と語り，適応の道を探っていった。結局，セラピストの退職までCは不安定なままであった。セラピストは196回の面接を終え，道半ばで面接を終結して本当に申し訳ないと思った。だが一方で，他者と交わることを恐れ，空っぽだったCが，投影を引き戻し，彼女の不安をセラピストに伝えるようになったという手応えも感じた。

　終結の数年後，セラピストは，主治医を通してCからの手紙を受け取った。手紙には，面接終盤で付き合い始めた彼と結婚し，ウェディングドレス姿をセラピストに見てもらいたくて，写真を同封したと書かれていた。Cは，結婚して初めて，親にほったらかしにされていたわけではない，と実感したらしかった。そしてCは，その手紙で「あのお腹の赤ちゃんは大きくなったかな？」と，セラピストの子どもに初めて言及し，面接が，特別で貴重な体験であったと感謝を述べた。ウェディングドレスのCは，飾らない自然体の笑顔が印象的であった。主治医によると，Cは家計を助けるためにアルバイトをし，妊娠を希望して減薬に取り組んでいるとのこ

とであった。

3. 考察

1）からっぽになっていたC

　面接初期，重苦しい沈黙によってセラピストに投影されていたのは，C
の欲望やニーズ，主体性そのものであったように思う。周りの人間があれ
これと考えたり，動いたり，攻撃したり，命令したりするのに対して，C
はそれに抗わず，何も感じたり考えたりしないという彼女のこころの現実
を，治療関係にエナクトメントしていた。

　そこで感じる逆転移は，息苦しさと無力感，そして身動きすることので
きない緊張感であった。何も動かない，見えてこない，何かをすることが
怖い。かといって，このままでは良くないのではないか，どうしたらこの
状況を打破できるのだろう，いやできないのではないか，といった罪悪感
や焦り，諦めがセラピストに募っていった。セラピストは，母親や弟や友
人たちのようにCに指示・命令をしないという中立的な姿勢を貫くのが
精一杯であった。今振り返ると，逆転移の息苦しさや緊張感は，Cの他者
と交わることへの恐怖とつながっているように見えるが，当時のセラピス
トは，コミュニケーションの糸口をつかむことができなかった。

　一方，セラピストは，予備面接の夢から，Cが「殺し合う」ほどの激し
い攻撃性を弟に投影して自分をからっぽにしているのだろうと知的には理
解していた。夢では，小学生と中高生があべこべとなっており，仲良くし
ているかと思えば殺しあうことになるなど，主客の入れ替わりや関係性の
反転が見られた。実際，表面的には弟と仲が良く，衣服を共有することも
ある一方，頻繁にお金を無心され，暴力を振るわれて怖がっていたが，C
は弟を憎んだり悪く言ったりはしなかった。同様に，母親に対しても，ほ
とんどの家事を言いつけられて「面倒だ」と言いつつも，不満を感情的に
語ることはしなかった。Cが人に搾取されたり強迫観念や頻尿に悩んだり

するのも，攻撃的な自分を他者に投影して情緒的にからっぽにするためかもしれないとは考えていた。

　しかし，実際にはそうした理解があっても，治療場面では助けにならなかった。むしろCは，弟と同様の傍若無人な彼氏との交際によって，ますます受動的で無感覚になり，記憶や聴覚などが途切れ途切れとなるなど，感覚が破壊されていく事態へとエスカレートしていった。大学受験の失敗，彼氏との別れ，通信制高校の卒業などと大きな出来事が続いたが，彼女は，経験から学ぶという主体性や苦痛を持つことが著しく困難であり，セラピストも彼女の主体性を奪う対象とならないように，と考えていたため，解釈することすら難しくなっていた。治療は暗礁に乗り上げた。

2）胎児への嫉妬

　セラピストの妊娠にどんな空想をもつかはクライエントによって異なるが，Cの場合は，妊娠を伝えた回で弟のZ発作を連想したように，「嫉妬」がテーマとして大きく浮かび上がった。Cは，漠然とした対象であったセラピスト（母親）の傍に，世話をたっぷりもらう胎児（弟）が垣間見えたことにより，嫉妬や怒りをもつ「爆発的な自分」を治療空間の中で意識し始めた。それは，Z発作を起こす弟に，両親や祖父母が世話を焼いていることへの嫉妬，その一方で自分は，精神科や内科の主治医，セラピスト，そして親や祖父母から「ほったらかしにされている」という思いに結実した。本来二者しかいない治療空間に胎児が侵入したという状況が，嫉妬を活性化したのである。もっともCの場合，嫉妬という感情によって，セラピストの存在を強烈に感じ始めたと表現する方が正しいかもしれない。

　「うー，うー」とお腹を抱えて唸る行為は，セラピストに鮮やかな空想を喚起させた。それは，不登校の始まりの時の助けを求める腹痛のようでもあり，セラピストの妊娠による腹部の異常を痛みとして表しているようでもあった。しかしセラピストにとって，そうした理解よりも，Cの激

しい痛みと言葉にならない切迫した苦しみがどっと心に流れ込んでくる感覚の方が圧倒的であった。おそらく，彼女の乳児的な部分が，彼女自身も気づかないうちに非常に強くセラピストに思いを伝えようとしたのであろう。治療空間で，からっぽだったＣが，切実な痛みを持ち，唸り始めたことのインパクトは非常に大きかった。これが一つの転換点であり，エナクトメントされた彼女の痛みと苦しみが，逆転移を通してセラピストに体験され，理解として紡がれた。

　Ｃは明らかに弟（胎児）に嫉妬していた。「しんどいと言わなくてもわかってもらえる弟が羨ましい」という言葉は，「私は"わかってもらう"体験をさせてもらえなかった。私だって，その良い体験がほしい！」という子どもとして正当な叫びのように聞こえた。そして実際，セラピストに自分の思いを理解されるということが「不思議な落ち着き」として彼女に体験され，Ｃはセラピストに「思いを預ける」ことを学び始めた。他者との交わりを非常に恐れていたＣが，交わりによって落ち着くということ，気持ちを預けてすっきりするということを体感し，もっと求めたくなったのである。

　その後，セラピストの出産休暇に対する不安をも実感するようになったが，それはまだ，「音楽を大音量で聴いて，気持ちを紛らわせながら，眠ろうとし，甘い物を過食している」といった，分離の恐怖を音や食物で埋めるような原始的な対処であった。彼女が布団に潜ったり，押入れに隠れたりしていた話を聴いて，セラピストは，Ｃが自前の子宮の中に入ろうとしているように感じた。Ｃは分離の痛みから身を守るところがあった。しかしそのことに倒錯的な満足を得ているわけではなく，今回のそれも，幼い子どもが狭くて暗い空間に隠れ，泣き声を出して母親に探してもらおうとしているように感じられた。

　しかしＣは，もうからっぽではなかった。彼女は，見捨てられる不安を言葉で表現できるようになり，セラピストは，出産休暇の間，彼女がどの

ように過ごすかを想像し心配が募った。この心配は，不登校になった時に両親に持ってもらいたかったものだと考えられた。Ｃはエナクトメントでその思いを表し，セラピストはそれに呼応して心配を引き出されたのである。セラピストの出産休暇という危機が迫っていたが，こうした情緒的交流ができたことで，Ｃは出産休暇の４カ月を何とか乗り切ることができた。

3）アクティング・アウトからアクティング・インへ

　セラピストの出産休暇明け，治療再開によってセラピストとの関係性を取り戻し，転移関係の基盤が整った。その後，毎回の分離で，セラピストが赤ん坊（弟）の世話に戻っていくことへの怒りや嫉妬が刺激される，という課題をワークスルーするプロセスに進んだ。それに連動してＣは，異性関係へのアクティング・アウトを強めた。すなわち彼女は，異性との接触によって，分離の痛みや寂しさを消し去ろうとしたのである。

　このアクティング・アウトの意味について，治療関係ならびに原家族の関係から考察しなければならない。Ｃは両親についてほとんど話すことがなかったが，Ｃの受診に付き添ったのが，別れた彼氏のストーカー行為がエスカレートした時のみであったことを考えると，やはり普段の両親は，Ｃに対してあまり強い関心を持っていなかったと考えられる。父親は優しいが存在感が薄く，母親は自分の気持ちをストレートにＣにぶつける飾らない人で，そんななか，弟は問題を起こすたびに両親の関心を引いていた。Ｃは子どもとして甘えることができず，現実的に家事分担の役割を担うことで，家族が崩れないように立ち回っていたのかもしれない。

　インターネットで知り合う男性たちはＣに関心を持ってくれるように見えたが，それが見せかけであることはＣも気づいていた。しかし彼女はやめることができなかった。Ｃがエナクトメントしていたのは，他にかかりっきりで，Ｃの世話を十分にすることができない母親－保健室の先生－セラピストと，問題を起こすＣ（弟）という関係性であったのだろう。

セラピストは，C が性的な興奮を求めているわけではないと考え，面接中 C の寂しい気持ちを推し量り，伝え続けたが，残念ながら解釈は届かないことが多かった。面接終了時のセラピストは，他者に利用されることを繰り返していた C なので，間違いが起こらないようにと祈りながら C を見送ったのだが，それは綱渡りのような感覚だった。

　そしてついに，セラピストが心配していたことが起きてしまった。C が男性と深い関係を持ってしまったのである。しかしそれを語る C は，かつてのように他人事のようではなく，本当に傷ついて痛々しかった。残念なことではあったが，彼女は自分の寂しさを実感し，その寂しさに向き合う気持ちになったようだった。

　こうした動きの中で，アクティング・アウトがアクティング・インへと変化しつつあった。C が自ら，乳幼児のこころ部分（カーペットスペース）を発見し，そこを自分の場所とするという大きな転機が訪れた。日々の家事をこなすことで疲れ，弟と共同の服も着ることがあった C は，年齢も性別も中間的で曖昧な印象が強かった。しかし，彼女がきっぱりと「あっちで喋ってみたい」と言った時，セラピストはその口調に彼女の好奇心と頑固さを感じ取り，外遊びが大好きで活発だった幼い女の子の C が現れたように感じた。

　本来の接客椅子から移動しカーペットに座る，と治療構造を変えたことには，議論の余地があるだろう[注1]。治療構造を変えずに，彼女の乳児的欲求を言葉で扱うこともできたかもしれない。直近の C の痛々しいアクティング・アウトに関連してセラピストが罪悪感をもち，セラピストもまたアクティング・アウトしてしまった可能性もある。厳密には，治療構造を変えない方が精神分析的なのだろう。しかしセラピストは，スキゾイドパーソナリティの彼女が，他者と交流することに対する恐怖を乗り越えて，

注 1）　日本精神分析学会 59 回大会発表（2013）では，司会者から，治療者がカーペットに移動することでアクティング・アウトしているという見方もある，という指摘がなされた。

子どもとしての自分を表現する場を求めたというドラスティックなこころ
の動きに，こころを動かされた。Ｃがカーペットスペースに関心を持った
時点で十分にこころの変化は起きていたが，長い面接経過の中で，Ｃが「～
したい」と言ったのは，これが初めてのことだったのである。そして，Ｃ
はボーダーラインやヒステリーのようにセラピストを操作する目的で申し
出ているわけではないこと，そのためエナクトメントが治療の枠内で収ま
るであろう，むしろアクティング・アウトされていたＣの激情が面接の
枠内でアクティング・インされるであろうという見通しと，今後はこれま
で通り，治療構造を動かさないという方針を検討した上で，カーペットへ
の移動を選択した。

　筆者は，セラピストが治療構造を変えないことを機械的に選択するより，
このように，クライエントのこころの在り様と変化，そしてエナクトメン
トの意味を十分に考えた上で，セラピストが自らの責任において行動を決
断することが，より治療的であると考えている。

　また，セラピストが妊娠した面接において，クライエントが自分を，象
徴的にセラピストの子どもだと感じることができることが，転換点となり
うることは，先の事例でも述べてきたとおりである。Ｃの場合は「子ども
になれる」場を自ら治療空間に見出した。そこは，わかってもらえる安心
だけでなく，号泣や深い悲しみも詰まっている，生々しくも温かい，瑞々
しい空間だった。このようにして，Ｃにとって，セラピストとの分離や胎
児への嫉妬の痛みは，あまりに辛いがために考えられなくなっている何か
ではなく，「次また会える」という期待や「私を心配してくれているとわかっ
た」という情緒的つながりを産み出すものへと変化した。

4）厚皮のナルシシズムと三角空間

　Ｃは長年情緒的に引きこもっていた。面接初期の状態から考えると，主
体性や感覚を破壊し沈黙を守ることで，現実での苦痛を何とか回避し，精

神病世界に近いところで孤独に踏ん張っていたクライエントであったと言えるだろう。弟と両親が作る家族の輪から離れたところで，空虚なこころを携えて別の方向を見続けてきた C の背中が筆者の目に浮かぶ。

　しかし，治療空間に胎児が出現して「嫉妬」が芽生えたことで，治療関係は大きく変化した。それに伴い，彼女の体験様式にもかなり大きな変化が生じた。両親（セラピスト）の関心を弟（胎児）が独占しているから，私は「ほったらかし」であるという内的現実に向き合わざるをえなくなったのである。

　一方で，その現実とは，同胞葛藤という文脈からだけではなく，親同士の性的で親密で創造的な結合から疎外されている C と読み取ることもできる。彼女は，他者との差異を認めることなく，「何も感じない」「相手の言う通りにする」ことで，人間関係をやり過ごしてきた。そして母親や保健室の先生が精力的に仕事をしたり，友達が良い成績を取ったり，弟が逸脱しつつも若者らしい生活をしたりして，自分を中心とした「生」を満喫する中で，彼女は彼らに搾取され，利用され，そして無視されていた。このように，彼女は自分の主体性を殺し続け，自己愛的な殻の中に閉じこもる生き方をしていたように思われる。セラピストの妊娠を知って，過食や大音量の音楽によって空腹や分離を否認しようとし，セラピストが復帰した後も，寂しくなって異性と接触したことに見られるように，C はこころの痛みについて考えるのではなく，即刻穴埋めをして対処した。彼女はそうしたやり方について適切な援助や手当てを受けてこず，こころの現実について考え，成長する機会を持つことができなかったのだろう。

　こうした C の生き方を理解するにあたって，Britton（1998／2002）がスキゾイドと結び付けた「厚皮のナルシシズム[注2]」概念は有益である。厚皮のナルシシズムの患者の自己は，内的エディプス状況において，それがあまりに苦痛な体験であるために，第 3 の対象に同一化し，その客観性のモードを採用して自分自身の主観性を捨ててしまうといわれる。

Britton は，エディプス状況を破局と体験する患者が，安心感に根ざした内的な母親対象を持っていないと指摘している。Ｃの場合も，治療同盟を築くのが困難であった。その難しさは，Ｃが容易に自分の主体性や主観性を投げ捨ててしまうため，セラピストが何らかの意思を持って存在し，解釈することそれ自体が，Ｃの主体性を奪うことになってしまう点にあった。つまり，Ｃにとって，治療関係におけるセラピストの創造的な活動は脅威であり，Ｃを守るのは，他者との情緒的かかわりを無効にする厚皮のナルシシズムであった。

また，内的エディプス状況において，両親間の親密な関係性を目撃しながらも参加者にはならないという体験が，子ども（クライエント）の考える自由を許容すると言われるが，当初Ｃの心的世界にはそのような，両親の間，父親とＣの間，母親とＣの間，それぞれがつながるような三角空間は存在していなかった。

一方で，Ｃは面接をほとんど休むことがなく，いつも面接時間前から治療開始を待っている熱心なクライエントであった。セラピストの名前や顔をはっきり覚えていない時期があったものの，Ｃの熱心さは，Ｃが無意識的にセラピストや治療に対して何らかの期待を抱いている証左ではないかと考えていた。それに加え，Ｃの内的世界に対するセラピストの連続的な関心と理解を試みる解釈によって，Ｃは，他者との真のコミュニケーションによって自分のこころに起きる感覚に気づき，大切にできる時機を迎えていた。すなわち，治療関係の中でＣはセラピストに母親対象を見出す

注2）　薄皮のナルシシズム，厚皮のナルシシズム：Britton は，Rosenfeld（1987）が自己愛患者を「薄皮 thin-skinned」と「厚皮 thick-skinned」に分類したことに倣って，自己愛の問題を抱える患者を，薄皮のナルシシズムと厚皮のナルシシズムに区別した。どちらの状況でも，主観的で敏感な自己にとって，（自己や対象とは別の）第三の対象が異質であるという点で共通している。しかし，薄皮の状況では，自己は第三の対象の客観性を避け，主観性にしがみつこうとするいわゆるボーダーラインの様相を呈するのに対し，厚皮の状況では，自己は第三の対象と同一化し，その客観性のモードを採用してそれ自身の主観性を捨ててスキゾイド的な生き方をする。

局面に来ていた。その時期に，セラピストの妊娠という事象が起きたため，「嫉妬」の感覚が強く実感されたように思われる。「嫉妬」は三者関係の中で初めて感じられるもので，主体が二者の結びつきを目撃し，それが良いものであると認知できなければ発生しない。つまり嫉妬を感じられるようになったCは，これまで放棄していた主体性，主観性を取り戻していたとも言える。出産休暇明けの第4期の収穫は，そうした関係性のもとで，「寂しさ」や「虚しさ」，「理不尽さ」という現実に向き合うことができたことだろう。

　こうした観点から，カーペットスペースの意味を再考すると，Cにとってのカーペットスペースは当初，両親と赤ん坊（弟）のためのスペースであって，自分のものではなく，視野に入ってきさえしないものだった。しかし，セラピストとの関係の中で，Cは自身の赤ん坊部分を発見し，それが世話される必要を感じるようになったのだろう。もちろんそれは，早期エディプス状況（両親のベッド）への単なる侵入とは異なるものである。実際，セラピストが理論とつがい，解釈しても，Cは主観性を放棄するのではなく，自分の感覚や感情と参照して考えることができるようになった。すなわち，両親間の親密なつながりを目撃しながら，自分自身の感情をみつめることができ，考えることができるようになったということである。

　面接終結後に筆者が受け取ったCからの手紙には，セラピストの赤ん坊への言及が初めてなされていた。彼女は，赤ん坊の存在を認めることができるようになり，どうなったかを心配することもできるようになったのかもしれない。それは，Cがセラピストという母親の子宮から出て，次の赤ん坊のために子宮を引き渡すことができるようになったことを示唆しているように思われる。

　Cがいずれ母親になろうとしていることは，セラピストに同一化するという解決に留まっている可能性もあるだろう。セラピスト側の事情による早すぎる終結によって，C自身の人生を十分に探索できるところまで治療

を進められなかったため，C 自身が母親になることの本当の意味は，セラピストの考察の範疇を越えている。しかしながら，他者に近づくことを恐怖して情緒的に引きこもり，他者に搾取されることを繰り返していた C が，他者と交流することで安心し，自ら欲求を示すことができるようになったという達成は見られたと言えるだろう。

Ⅲ　セラピストの子宮に入ることを望んだ女性（事例 D）

　最後に，セラピストの 3 回の妊娠を経験した中年女性クライエント D の治療経過を検討する。長い治療経過で多彩なテーマを含む事例であるが，今回はセラピストの妊娠に関連して浮かび上がった D の無意識的空想を拾い上げ，特に夢や治療関係の変化の中に見られた治療の進展，すなわち D が自身のマゾヒズムと倒錯性に気づくプロセスを論じる。

1．事例概要

　D は 3 人同胞の第 2 子として生まれた。「お嬢さん育ち」の母親は，家業が傾き経済的に厳しくなり大きな家を手離したため，その時期に生まれた D を疎んだと D は考えていた。そして，姉や妹の時にはたっぷり出た母乳が，D の時にだけ出ず，D は床に寝かせられ，固定して支えた哺乳瓶で重湯を飲まされた。D の母親は身体障がいを持ち，常々身体の一部を痛がっていたため，D は甘えたいと思いつつ陰から母親の後ろ姿を見ていた。D は小食および偏食で，ビタミン剤をポケットに入れておやつにしていた。

　D は保育園でいつも姉と一緒にいたが，姉が卒園すると D も園に行かなくなり，家で一人で遊んでいた。小学校での集団生活にもなじめず，授業について行くのも難しかったが，数年経つと自分なりの勉強法を身につけ，部活でリーダーシップを発揮するほどになった。

　D は穏やかな父親が好きで，恋人のように仕事について行った。中学時，

D家の信条のためいじめられたり，彼氏の母親の反対で交際をやめさせられたりして人間不信に陥り，心理的にひきこもったが，それに気づいた父親の励ましで高校受験の勉強をし，無事に合格した。その後大学に進学し，技能を生かした職に就いた。

　母親が障がいで外出しづらい一方，Dは父親との外出を楽しんだ。その頃複数の異性とプラトニックな交際をし，プロポーズされても断っていたが，姉や妹が結婚した後，強引な男性に惹かれて職場結婚することになった。ところが彼は，結婚式の段取りが整った頃，恋人がいるとDに打ち明け，「結婚したらDだけを見る」と約束した。Dは結婚にふみきったが，男尊女卑の家に育った夫は，Dに冷たく接した。ある日，Dが夫に「無視しないで」とすがったところ，夫はDを蹴った。さらに腹部を蹴ろうとするのでDが咄嗟に「お腹に赤ちゃんがいるからやめて」と嘘をつくと夫は止めた。Dは離婚届を用意したが，実際に妊娠していることが分かり，離婚を断念したと言う。

　Dは二人の子を産み，働いて苦しい家計を助けたが，夫は家事や育児の手抜きを一切許さなかった。次子は不登校気味で，Dは心を痛めたが，夫は無関心だった。Dの実父母と同居することになったが，父親はすぐ病に倒れた。夫が「一緒に暮らせるだけでも幸せに思え」と言い放ち，Dは家事や仕事でますます多忙となり，父の死に目に会うこともできなかった。

　40代後半，夫からの度重なる暴言，威圧的な態度，性行為の強要でうつ状態になった。子の受験と夫の散財を機に口論となり，夫に殴りかかられて死にたくなり，不眠，食欲不振，意欲低下，動悸などを主訴に，自ら総合病院の精神神経科を受診した。

　母親はDの苦しみを全く理解せず，Dが離婚したいと言っても，転居による不便ばかりを主張するのでDは傷ついた。

　約1年主治医の元で支持的なかかわりと薬物療法を受け，落ち着いた頃Dは心理療法を勧められ，精神分析的心理療法（週1回50分対面法）を

行うことになった。

　セラピストは，母親から愛情をもらえず，結婚生活でも辛い目に遭った気の毒なクライエントだと感じる一方で，Dの退室後に面接を振り返って，Dの話をどこかで疑ってしまう自分がいることに気づいた。それは，辛く苦しい出来事をにこやかに興奮気味に語ることへの違和感と，健気に頑張る自分を主張する話し方，そして退室間際，セラピストをじっと見る様子に端を発していた。セラピストは，そうした様子のDに，被害者であることを主張する無意識的な操作的意図と微かな攻撃性を感じていた。話の内容としても，結婚までの夫の女性関係および妊娠時のエピソードは，現実と考えるにはあまりにもドラマティックであり，Dの心的な現実としてはそうであろうが，そのストーリーにはD自身の無意識的空想が付加されていると考える方が妥当だと思われた。

　セラピストは，Dをヒステリカル・パーソナリティで，サド－マゾ関係の中で生きてきたクライエントだと見立てた。Dにとって，母に愛されず，関心も持たれないという現実は，それについて考えることができないほど悲惨で絶望的なもので，Dはその絶望から身を守るため，強固な空想の中で生きてきたように思われた。その空想がどのような性質のものか，そこから出ることをDが本当に望んでいるのか，当時のセラピストは見当がつかなかった。

2．治療経過

第1期　否認　（第1回～第74回と出産休暇1回目）

　Dは，夫の帰宅時間が近づくと動悸がし，夫に怒鳴られたり触られたりすると過呼吸で寝込み，彼が黙っていても威圧感があって怖い，と話した。夫は，通院・療養によって楽になったように見えるDが気に入らない様

子であるとのことだった。第 7 回，D は夫同伴で来院した。夫はセラピストに「妻が悪化しているのは，精神科通いがストレスだからではないか」と詰め寄る一方，「自分には感情的な部分がある」とも語った。セラピストが「D さん自身の生い立ちや気持ちを整理しているところです。今回の症状について，一方的にご主人の責任だと決めつけているわけではありません」と説明すると，夫は「元に戻りたい。D に治ってほしいと心から思っていると伝えてほしい」と涙ながらに話した。セラピストは，D 夫婦が十数年にわたり積み上げてきた関係性には，夫と D のこころのあり方も反映されており，このバランスの変化について，彼らが綱引きをしているような印象を持ち，難しさを感じた。

　その後，夫の暴言をきっかけに姉夫婦が D 夫婦に介入し，D は姉の家で生活しつつ別居準備を進めた。それに伴い，面接での話題は徐々に母親との関係に移った。母親を理想化してきたが温もりを感じたことはなく，苦しいと言えず笑ってきたこと，そして，夫の暴言について助けを求めた時，母親が目を逸らして「聞かなかったことにする」と言ったことなどである。そして昔から何度もみる，「<u>母にくっつこうとしたら，はねつけられて泣く</u>」という夢に触れた。セラピストが「D さんはずっとお母さんに甘えたかったのですね」と伝えると，「甘えたかったと言われてピンとこなかったけど，涙はボロボロ出てきて。つかえがとれた。今，姉の家で甘えてるんですね」と語った。夫と別居し，子どもたちに離婚の意思を伝えると，子どもたちも順に D の元に来て 3 人暮らしとなり，弁護士と具体的な離婚相談を始めた。母親は，身を寄せた姉の家よりも元の家の方が居心地が良いと言って，元の家で数日生活する時もあって，D の気持ちを逆なでした。

　学生時，「好きな男性とくっつくだけ，目を合わすだけで幸せだった」と恍惚と語る D，高校時から子宮に戻りたいと願い「今も同じ気持ちでお風呂に入る」と語る D を見ると，セラピストは，D が他者にぴったりと

附着することに満足し，情緒的な関係性を無視して一方的に愛を感じているように見えた。また，入院中の父親が，見舞いから帰るDを見送るため，全身に付いていた医療機器をわざわざ取り外したことについて「私が結婚に求めていたのはこれだと思った」とDが語った際には，彼女が自分に関心を持ってくれたと実感するには，相当強いドラマ性がなければ難しいようだと感じた。

　第58回で，セラピストが妊娠のため4カ月後から4カ月の産休を取ると伝えると，Dは驚いてセラピストの腹部を見，面接中に何度も見た。そして母におしおきで，柱に縛り付けられたり締め出されたりしたことを想起した。「妊娠を聞いて私から締め出されたと感じたのですね」の解釈をDは否定して「おめでたいから仕方ない」「否定的なことは思わない」と言い，葛藤や不安を語ることはなく，その代り面接に遅刻するようになった。Dが「人に頼れない」話をしている途中，セラピストはなぜかDにぴったり寄生される感覚がし，言語的コミュニケーションと非言語的コミュニーションの齟齬を感じた。

　「浜辺で友達と凧揚げをしている。Dが飛ばすことに夢中になっていたら，日が暮れて暗くなっており，誰もおらず，取り残されて寂しくなった」と，セラピストの不在に対する寂しさを表す夢もあったが，セラピストの休暇直前には，「夫が温厚になったから，また一緒に住むことになった」というように，現実を否認する夢もあった。そして別れ際，セラピストを目に焼き付けるように何度も見て帰った。まるで具象的にセラピストを目の中に入れているかのようだった。

第2期　怒りと破壊性　（第75回－173回と出産休暇2回目）

　セラピストの4カ月の出産休暇中，Dは家にこもっていた。セラピストの復帰後，「Dに言い寄る男性にくっついて幸せを感じると，彼には別の女性がいる」という三角関係の夢が続き，また別の一連の夢で，素敵で

輝かしかったはずの父親が仕事やお金を失う人となり，現実の父親も，酒に弱くて金銭的な問題を抱えていたことをDは思い出した。この時期のDの夢や回想は，性被害のものが多く，セラピストは知らず知らずDを被害者として扱っていた。「姉や妹が嫁いだ後，仲の良い両親を見るのに耐えられなくて結婚した」とDが回想したように，セラピストの妊娠に，父母の間に入れない屈辱と，父の裏切りや母への怒りを重ねて体験していたようであった。第106回には，「子どものお尻についた便を綺麗にしたいのに，母が家の水場を占領する。何度も無視され「お母さんなんて死んじまえ！」と叫ぶ」という夢を語り，Dの世話（便の始末）に背を向け，性の喜びを独占する母に怒り狂っているようにも思われた。セラピストは，母への激しい怒りが，愛情不足によるものではなく結合両親像への恐怖と羨望であると理解する軸を持ち始めた。

　現実生活でのDは，一人旅に出たり野菜を栽培したりするなど，適応は良くなった。近所の赤ん坊の泣き声が自分の悲鳴に聞こえ，セラピストの子どもになれない哀しみにつなげて語ったりもした。当時のDの自己像は「生まれたての女の子が，薄い透明のカプセルに包まれて息をしていない」であり，セラピストは「ずっと胎児のままでいるD」を想像した。

　この頃，子が事件を起こして逮捕拘留された。証拠は子に不利なものだったが，Dは警察のねつ造を疑ったり，子が自傷目的で逮捕されたと強硬に主張したり，「特別に相談する時間がほしい」「セラピストに矢継ぎ早に質問されて悔しかった」と言うなど，サド−マゾ関係をエナクトメントした。子は発達障がいの診断を受けた。

　第152回に「4〜5歳の女児がしんどそうにうずくまっていたので公園で遊んだ。女児が赤ん坊になってDの乳を吸う。抱っこするとあったかくて気持ちいい。自分は母になったり赤ん坊になったりする」という夢を報告した。Dは確かに面接で，大人の部分，赤ん坊の部分，4〜5歳の女児（妹が誕生した頃）の部分を混同して表現している状態で，夢はそれを

明瞭に示していた。セラピストは第153回で妊娠を伝え，セラピストは今回退職するが，3カ月の出産休暇後，別の場所で自費面接を行うこともできるので，継続を希望するか考えてほしい，と伝えた。Dは，中学の時，母親が部活の試合（晴れ舞台）を見に来なかったことを不満に思っていたが，それは自分が母に見に来てと頼んでなかったからだと想起し，「先生には私を見てほしいと言いたい」と面接継続を決めた。

　セラピストは出産による中断の1カ月前に，初めて当日キャンセルをした[注3]。その翌週，Dは来談するなり「先生のお腹が崩れそうで怖い」と言って終結を希望した。そして「整骨のつもりだったのに，なぜか男性に髪を切られる。その途中で，昼食を一緒に食べようと言われて飲食店についていくが，髪のせいで店に入れず外にいる。ミルキーを持った子どもたちが店から出てくるが，持ってない子に自分のをあげる」という夢を報告した。セラピストが「私に，あなたの希望とは違う治療をされ，しかも中途半端なまま待たされて，私だけが幸せになっている。あなたは空腹なのにミルクの代用品を別の子にあげざるをえないと感じているのですね」と伝えたところ，DはセラピストがDの思いを理解する力を失っていないことに安堵したようで，終結希望を撤回した。セラピストは，Dの攻撃空想が胎児を破壊したことをDが恐れたゆえの終結希望であったと考えたが，その恐怖は，身体障がいの母への思いとつながっているように思われた。

第3期　邪悪なものが自分の中に

（第174回－380回と出産休暇3回目）

　4カ月の出産休暇を経て復帰した後，セラピストの体調はかなり不安定であったが，切迫早産でキャンセルにした時のDの様子を思うと面接を休むことはできなかった。面接再開の1カ月前に離婚調停が始まり，Dは

注3）　切迫早産によるキャンセルだが，患者には理由を伝えていない。

結婚生活を思い出すことが辛い，と話した。治療関係には，「先生（セラピスト）が休む時は私にお金を払うべきだ」「先生が面接をやめたら家に押しかける」「年末の休みの代わりの面接をしてほしい」と，貪欲に報復を試みる D が現れた。D はセラピストに無理をきいてもらおうと必死になり，セラピストの些細な一言で「台無しになった」と主張するなど，ボーダーライン的な様相も呈してきた。彼女は，自分の弁護士に対しても母親を重ねて見るため，関係が難しくなっていた。

　この頃の夢は，「父が D に頼んで D の裸を見る」，「麻薬や放射能で傷を負った D に父がケアを行うが，傷はもっと奥にあり半永久的に影響する」というもので，援助してくれるはずの父親（セラピスト）が，実は自分を（性的に）傷つけているという内容であった。また，母に怒鳴り散らしたり，殺してしまったりする夢もあり，D の怒りは最高潮に達していた。

　治療が 6 年目に入った頃，D が「先生の表情が気になってうまく話せない」という訴えに応じて横臥法にしたが，この時セラピストは，D の退行に巻き込まれていることに気付けなかった。D はほぼ毎回，原光景に対する恐怖や攻撃にまつわる夢を報告した。例えば「雑魚寝中にふと目が覚めた。縁側の端で寝ている母に D が「風邪ひくから中に入ったら」と言うと，母は生理の血のような茶色で透明の粘液を出しており，目は金色で，ひきつけのように上半身が突っ張っていた。父に車で病院に連れてってと頼むが，「明日で良い」と言われる」というものであった。D はカウチの上で丸まって「3 歳の女の子の私が甘えたりぐずったりしてる」と退行し，面接終了時刻や休みを知らされると激怒した。他のクライエントに対する激しい嫉妬心も増していた。

　7 年目から頻度を週 2 回に増やした。第 250 回の夢は「大便がしたくてトイレに行くが古くて汚物がついてて嫌な感じ，流せない。ガラス張りの狭いトイレで，3 〜 4 人の少年が，下から見上げていた」であった。D は治療をガラス張りの汚いトイレと体験して排泄を躊躇し，なおかつ排泄が

少年たちの性的興奮を引きつけると感じているようだった。もはや授乳する良い乳房はなく，過酷な治療状況の中，Ｄは「母を食い殺して肉と骨を食べ尽くす，それでも足りなくて，先生を食い殺して肉と骨を食べ尽くそうとする」と貪欲な自分がいることを語った。彼女は「スピード満点のスケボーに友人を乗せて友人の家に帰ろうとするが迷子になり，気が付くと一人になっている。男性が誕生日を祝ってくれると言うので楽しみにしていると「ケーキが欲しいんだろ」と一切れのケーキを出され泣きたくなる」という夢をみた。スリル満点のスケボーに無目的に乗り続け興奮している状態や，「おこぼれを頂戴して喜ぶ自分の惨めさ」が主題として浮上した。

　この頃，セラピストは深刻な行き詰まりをおぼえ，スーパーヴィジョンを受けた。そこで治療構造を元に戻すよう助言された。ちょうどＤが「今日は寝ないで話したい」と話し，「足りない愛情を補ってもらえば治ると思っていたけど，先生が本当の自分をみつめるように言うので，混乱している」と直談判して以来，横臥法は適切でないという合意に達したこともあり，それ以来90度対面法に戻した。但しＤは「先生の顔を見るのは辛い」として，俯いて話したいと申し出た。セラピストは「あなたが本当に甘えるということを母からも私からも体験できないことは，とても苦しいことだと思う。そのことについて二人で考えていくために，会い方を元に戻したい」と伝え，第342回から週1回の面接に戻した。

　スーパーヴィジョンをきっかけに，セラピストはＤがセラピストの発言を微妙に作り替えて，全く別の文脈にしていることに気が付いた。例えば，Ｄが自分を責める考えばかり繰り返すことに対してセラピストが「そうした考えを一旦やめて，自分自身をみつめてみると何が浮かぶだろう」と言ったことが，しばらく経つと「心の痛みを抱えるなんてできません。前，先生に考えるなと言われたし」という発言になるような事象である。それはＤの困難な部分であり，「1歳の女の子。ゴリラみたいに大きく重くて抱っこしづらい。よその子なのに私がつきっきりで見ないといけない。イ

イコで泣かないし聞き分けが良いけど疲れる」という夢（第312回）のように，イコで聞き分けが良い幼児でありながら，大きくて重くてつきっきりで見る必要のある破壊的なゴリラでもあろうとセラピストは考えた。

　現実生活では夫から和解金の提示があり，Ｄは少ない金額に激怒したが，離婚は成立した。しかし，母親がその和解金を分けてほしいと言い出し，Ｄの怒りが一気に噴出した。Ｄは一晩中泣き続け，その時の体験を「自分の身体の中にあんなすごい“怪物”みたいなものが棲んでいるのか。一度それが出たら飲み込まれそう。2〜3日続いたら狂い死にしそう」と言った。第358回で，幼少期，寂しくて姉に遊んでほしかったのに，姉が「Ｄを連れていると邪魔だから」と友達の家に行こうとするので，刃物を持って姉を追いかけ回し，母に厳しく叱責された話をした。未だそれは「なぜ私の気持ちをわかってくれないの」という話ではあったものの，「ゴリラ」は「怪物」や「刃物を持った私」となって，Ｄ自身の攻撃性としてはっきりと体験されるようになった。

　治療場面でそれらは，部屋のカーペットに垂らされる涙と鼻水の痕として出現した。クライエントは退室時，そのシミを拭いて出ることもあれば，そのまま立ち去ることもあった。セラピストは生理的嫌悪を感じないわけではなかったし，後のクライエントに気づかれないよう，綺麗にすることにも手間がかかった。しかしセラピストは，Ｄが幼い頃，泣いて泣いて泣き疲れて，鼻水で絵を描いていたら，母に「汚い」とさらに叱られたエピソードを思い出した。Ｄはセラピストに鼻水をたらす自分（ゴリラ，怪物，刃物を振り回すＤ）を抱きとめて，嘆きを聴いてほしいのだろう，とセラピストは思った。そして，トイレで排便できず興奮していたＤが，今は排泄物をセラピストに見せて始末してほしいと感じているのだと考え，Ｄの乳幼児的自己に対するセラピストの逆転移を見つめながら，シミを拭き続けた。Ｄは，第366回で「母に怒鳴り散らした後，母親が抱いてくれ，その腕に包み込まれて気持ちいいなぁと思った途端，苛々して我慢ならな

くなり母親を弾き飛ばした」という夢をみた。Dは言った。「自分が欲して欲して，やっと初めて叶ったことだけど，それは胎児になること。生きていけない……窮屈で暗くて，母と一体化してしまう。（略）私は何に苛々したんだろう。手も足もなくなってしまいそうで飛び出した」。Dが長年思い焦がれていた母の抱擁は，窮屈で暗い子宮の中に閉じ込められることと同義であり，Dのこころは，その恐怖に気付き，そこから出ようとしているのだろうとセラピストは思った。

　第366回で，セラピストは3回目の妊娠を伝えた。Dは「いい加減にして」と怒り，「セラピストはちゃんと自分の生活をしているのに，私は何してるんだと思う」と呟いた。2週後「先生が妊娠と子育てでやつれてる。赤ちゃんを壊してしまいそうで，自分の激しい感情を抑えているかも。でもお腹や胸の中に渦巻いているものがあって，出したら気持ちよさそう」と言った。さらに「子どもの絵の展覧会で，目を黒く塗りつぶした"邪悪な"感じの絵を見て，いたたまれなくて。心底攻撃的な。……自分にもそれがあるから生々しくキャッチしたのだと思う。先生は女神だと思っていたが，こんな私を残してまた出産する残酷な人」だと表現した。セラピストはDが自分の邪悪な部分やセラピストを憎む気持ちを受け入れ，それを表現する力を得たと感じた。それは，母親との真の関係の洞察であり，今回のセラピストの妊娠で，Dは傷つくだけではなく自分について学ぶことができるかもしれないとセラピストは思った。

第4期　自虐性への気づき　（第381回－480回）

　セラピストが渡した出産休暇復帰予定日のメモを，ラブレターのように持ち歩き，眺めていたというDは，「私は愛されている」という空想で，セラピストとの分離を否認しており，再び攻撃的自己に触れるのは容易ではなかった。例えば，来る休みを控え，「座敷童のように先生の家庭に入り込みたい」と言った。なぜ座敷童なのかと言うと，周りからは見られな

いため，セラピストの家族から攻撃を受けずに済み，思い通りにセラピストの家で過ごし，どんな人間がセラピストを独占しているか見られるからである，というのであった。

　Dは，セラピストの復帰の約1年後，自身の転居に伴って，初めて自ら面接を5週休んだ。その部屋はDの終の棲家になるかもしれなかった。Dは「残りの人生で本当に必要なもの」を選ぶ過程で，自分がいかに理想的空想のジャングルの中で生き，現実的な選択をしてこなかったかに気づき，面接に戻って来た。

　第442回，Dが涙と鼻水を床に垂らしながら話すことをセラピストが「自分がここにいるという生々しさを私に伝えたいのでしょう」と解釈すると，Dは「涙を流していたことに気づきませんでした」と狼狽え，その翌回，前もってハンカチを床に敷いた上で泣いた。セラピストは，Dが泣いていることを忌み嫌う母親を投影されていると感じたので，「私に，受け入れてもらいたい気持ちを理解されたのではなく，受け入れないという宣告をされたと感じたのですね」と解釈した。Dは「私は相手の機嫌を損ねないようにと思って，いつもこういう過ちをするんです」と我に返り，セラピストの真意と自身の自虐性に気付いた。

　第452回，Dが，外出先のトイレで母を介助しようとズボンを下げたら，母は「自分も気づかずに」大量の便にまみれており，Dが必死で拭いたという出来事を語った。そして恍惚と「姉や妹ができないことをする私は，母と強い絆がある」と続けた。セラピストが「母親が大便を漏らして本当に気づかずにおれるだろうか」と問うと，Dは「そういうこともある」と応えた。セラピストは，涙と鼻水を垂らすDを母に投影していると理解し，それを解釈した。翌週のDは，母は自虐的行為で関心をひく確信犯であり，D自身も似た部分をもち，苦しい現実を美談とすり替える自分に衝撃を受けつつも，明確に気付いた。そして，「良い寄生虫」になろうとする自分がいるとも表現した。

　Dは，周りに気を遣う自虐的な自分を演出していたこと，そんな自分を自己愛的に空想していたという現実に気付いた。第479回，Dが「中学の時の恋愛はおかしかった。私が相手を好きなら，相手がどう感じていても良かった。今そのおかしさがわかる」と語るので，セラピストは「今，あなたは本当の私を感じているのでしょうか」と問うた。Dはしばらく沈黙して「先生，私は最近自分の（俯いて目を瞑って話す）姿勢に違和感をおぼえます」と応え，「でも，先生を見ると先生の表情に合わせてしまう自分が出てくるのも怖い」と呟いた。セラピストは何も言わずに待った。実際はほんの数分であったが，セラピストにとっては，Dから目を逸らすことのできない緊張した長い時間だった。Dはゆっくりと頭をあげ，少し口元に力を入れ，セラピストを見た。ためらいつつも後戻りはしないという決心が見えるような顔であった。セラピストはようやく本当のDに会えたと感じた。「私はずっと自分の頭の中の先生に会っていました。最初の頃の独身の頃の先生に……先生も長い長い時間の中で，きっといろんなことがあったと思う。でも私はそれを見てこなかった」とつなげた。「私はずっと先生の子宮の中に居たかった。そうしたら，私はぼんやりと夢をみていられる。だけど，子宮の中に居たら先生の顔を見ることはできない」。セラピストは「そうですね」と言った。私たちはやっと，交流することができるようになったようだった。

　Dは，自分自身の攻撃性についてよりはっきりと意識化するようになった。セラピストが2回目の妊娠時に当日キャンセルをした時，Dは自分が胎児を憎んだために，胎児を傷つけてしまったと恐怖したことを打ち明けることもあった。

　第480回では「人物の絵が壁にかかっている。顔がないが，その人の手足が平面から立体になる。そういう様子を見ていて，ワーッとパニックになる」という夢を2回みたと報告した。そして，「これまで母親も自分もペラペラだったけど，確かに自分もセラピストも肉体を持っているという

感覚がします，確かに自分は変わったと感じます」と話した。Dは二次元的世界から今まさに一歩外へ踏み出したのである。

3.　考察

1）夢や空想の中に見られるDの自己像の変遷

　Dは，セラピストとの治療関係を，夢や空想という形で表現していたように思われる。その変遷をたどることで，彼女のこころの変化を検討する。

　第1期のDは，母にはねつけられ，泣く夢を報告した。Dは彼女が母親を求めるが冷たく拒絶される，という心的現実の中で生きてきたため，時間終了を告げるセラピストも母親と同様に感じられていた。「くっつく」は，男性との交際の話の中で彼女がよく使う言葉であり，視線や意見の交換などの相互的なコミュニケーションのない，ただぴったりと表面がくっついている触感を示し，「子宮の中に入りたい」という彼女の欲求とほぼ同義であると筆者は考えていた。そのため，1回目のセラピストの妊娠は，Dには分離として経験されることはなく，「セラピスト−母親は冷酷だから，簡単に私を捨てるが何の問題ない。別の誰か（父親，学生時代の（おそらく空想の）恋人，夢の中の夫）が愛してくれるから」という空想に沿って体験された。セラピストの姿を具象的に目に入れるようにみつめて出産休暇に臨んだのは，非常に印象的であった。

　第2期の，カプセルに入った息をしていない生まれたての女の子という自己像は，母親すなわちセラピストとまだ出会っていないDのようであった。治療の中でも，彼女は自己愛的な膜の中にいるようで情緒的に触れ合うことが難しかった。またDは，セラピストの子が，セラピストの関心と愛情を受けていきいきしているだろうと想像し，それに対して自分は世話をされていないと感じていることをこの自己像で示していたのかもしれない。

　第152回の公園の授乳場面の夢で，Dは女児になったり母親になったり

している。Ｄが面接場面で赤ん坊と女児と母親の自分を混同して体験していたことは既に述べたが，Ｄは実際の育児場面でも，自分自身を子どもに大規模に投影し，自他未分化なまま，自分がしてほしかったように子どもの世話をしてきたように見受けられた。

　セラピストが切迫早産のため当日キャンセルした翌週の夢は，整骨院に行ったつもりが理髪店になり，Ｄは飲食店から閉め出され，子どもにミルキーをあげるというものだった。Ｄの希望にそぐわない施術（治療場所の変更）をセラピストにされ，セラピストは昼食で満足している（出産によって満足する）のに，Ｄは置いてけぼりにされ（出産休暇および当日キャンセル），自給自足的にやり過ごそうとしている（ミルキーは，ミルクの代用品およびおやつ代わりのビタミン剤）というＤのこころの状態を明瞭に示している。このようにセラピストの２回目の出産休暇はネグレクトであると経験された。そして，Ｄは自分が惨めで怒りを感じていることを封印して，代用品を配給する提供者として気持ちを保とうとしていた。Ｄはこの惨めさと怒りに耐えられず治療を止めようとしたが，セラピストの解釈を聴いて，Ｄの不安をセラピストに理解されたと感じ，思い止まっている。

　２回目の出産休暇明け，セラピストはクライエントとの関係にマゾヒスティックに巻き込まれていくが，それはセラピストの罪悪感の問題だけではなく，Ｄが攻撃的で貪欲な欲求をぶつけ，セラピストを操作する動きを強力に発動したからかもしれない。その頃の夢は，「麻薬や放射能で傷を負ったＤに父がケアを行うが，傷はもっと奥にあり，半永久的に影響する」というもので，無能か無神経な父親（セラピスト）が，善意で援助を試みるが，Ｄはそれが無効であると非難しているようであった。

　さらに，母が茶色で透明の粘液を出し，金色の目をして上半身が突っ張っている夢をみている。これは明らかに原光景であり，Ｄは夢の中でこれに恐怖を感じつつ，母を病院へ連れて行くよう父に指示しているが，ここにＤの万能感や競争心が見え隠れしている。この頃，トイレの夢が続いたこ

ともこの万能感と関連しているだろう。Dが用を足そうとしているガラス張りのトイレを，少年が見上げている夢は，Dがトイレット・ブレスト[注4]に出会っていないことを示しており，排泄物を奉り，性的に興奮しているようにも見える。さらに，セラピストや母親を食い殺して食べ尽くすというビジョンに，セラピストはサディスティックな欲動を強く感じた。Dは母親対象を独占し，乱暴に体内化しようとしていたように思われる。

　緊迫した治療関係に巻き込まれて治療的な機能を失いかけたセラピストは，スーパーヴィジョンを受けることで，治療の設定を立て直そうとを試みた。横臥法と週2回の面接が不必要な退行を招き，セラピストとD双方の考える機能を破壊していたと考え，段階的に設定を戻したのである。

　そうした流れでDがみたのは，ゴリラのように重くて抱っこしづらい女の子の夢であった。イイコだが手がかかるという重いゴリラの女の子は，「よその子」という設定に，セラピストの実際の子どもが反映されており，この夢はDの様子を適切に表している。しかし，よその子で疲れさせる子にもかかわらず，世話をされ続けているという側面に目を向けていることは注目に値する。

　そして，このゴリラは，自分の身体の中に棲む怪物や，刃物を振り回した自分，母親を弾き飛ばす自分（第366回の夢），子どもが描いた絵の邪悪さに共鳴する自分，そして，出産を続けるセラピストへの怒りといったように，他者に投影されることなく，自分の中の攻撃性，憎しみ，怒りとしてDに実感されていった。投影を引き戻すことはDにとって非常に苦しいことで，時折，感覚的な胸の痛みに変換されることがあったが，それ

注4）　トイレット・ブレスト：Meltzer（1967 ／ 2010）が『精神分析過程』で提示した概念。精神分析過程において，転移の収集という第一段階の後，患者の心的現実における自己と対象の位置関係が混乱する状態となる。この大規模な投影同一化が活発に働く原始的な状況において，患者は，迫害的不安や苦痛などの「耐えられない心的状況（unbearable state of mind）」を外的対象の中へと排泄することで，こころの平安を取り戻そうとする。転移において患者は，排泄を受け止め，不安を軽減する治療者をトイレット・ブレストとして使用するのである。

でも彼女は,「これまでの自分は舞台の上にいたようだ」と洞察し,表層的に「良い娘」「良い母親」「良い妻」を演じる裏で,とてつもない空虚感を持ち,認知を自ら歪ませていたことに徐々に気づいていった。

　セラピストが3回目の復帰をすると,さらにDの自己イメージは展開し,「座敷童」という像を結んだ。Dはセラピストの世界（家族）にひそかに侵入し,誰とも交流しないで留まっていたいという願望を持っていた。他の家族に攻撃され,憎まれ,競争されるため,正式にセラピスト家族を訪問することは彼女にとって脅威であった。セラピストは,この状態を「閉所」及び「侵入的同一化」概念と関連して理解したことが効果的な介入につながったと考えているが,これについては後述する。

　治療の大きな転換点は,涙や鼻水を受け止めるハンカチを床に敷いた上で垂れ流すというやり方について,Dがセラピストの解釈を聞いて,自分の在り方にはたと疑問を持った時であろう。「セラピスト－母親は,悲しくて汚い（涙と鼻水の）自分を受け止めないだろう,だから私はそれを見せつけた上で,自分自身で処理をするのだ」というマゾヒズム的かつ攻撃的な生き方にD自身が気づいた瞬間であった。

　そしてその洞察は,母親の大量の便の介助場面を理解する時の手がかりとなった。このトイレ事件は,Dと母親の関係性を非常に明確に表している。すなわち,Dの母親は,陰性感情（大便）を無意識的に垂れ流しにし,明らかに他者（D）を攻撃しているにもかかわらず,気づいていないと主張している。Dと母親の排他的な二者関係は,こうした現実（大便）に目を向けず,「神業のように危機を乗り切った」「姉や妹にはない強い絆を確かめた」という美談で真実を覆い隠すという点で共謀関係であった。

　この関係は,第3期の治療関係に反復されていた。セラピストはDを不必要に退行させ,Dに子宮の代替物を提供していることに気づいていなかった。当時のDは排泄物を排泄物であると認めることが難しかったが,スーパーヴィジョンによって第三の視点を得たセラピストは,涙や鼻水の

ついたカーペットを何度も拭く行為の中で，彼女の真の"汚さ"と"生々しさ"について考えること，感じることをワークスルーした。つまり，Dに対して真のコンテイナーになることの意味を再考した。母親は，乳児の排泄物を処理する時，子どものありのままの様子を受け止め，清潔にするものである。排泄物は決して美しいものではないし，気づかぬうちに出るものでもない。それは動物が生きていれば当然生じてくる消化の痕跡であり，自分で処理できない乳児に代わって，母親はそれを観察し，現実的に処理する方法を考えるのである。Dは，授乳されていないことへの不満を爆発させていたものの，適切に排泄を処理されないことについては，気づくことすらなかったように思われる。

　今やDは自身のことを「良い寄生虫」であると形容することができるようになった。寄生虫である自分のことを，忌々しい，認めたくないと感じつつも，宿主の為に良い働きをするから，中に入れてほしい，見捨てないでほしい，という切望のもとに生きてきたことを，彼女は実感したのである。それはとても哀しい真実であった。しかし彼女は長い格闘の末，その真実をみつめ，受け止める力を獲得したのである。

2）セラピストがクライエントを「閉所」から連れ出すこと

　Dが治療経過の中で展開したこれらの自己像を「閉所」（Meltzer, 1992）との関連で考察する。

　閉所とは，第3章Ⅳで述べたように，子ども（クライエント）が分離不安を万能的に帳消しにしようと目論み，母親（セラピスト）の内部に侵入的に同一化した時の母体のことである。閉所では，真に理解して受容する母親（セラピスト）はおらず，子ども（クライエント）がまるで大人であるかのような万能的な振る舞いをしている。そして子ども（クライエント）は，苦痛を苦痛と感じることなく，一時しのぎの快楽に耽り，その倒錯的満足[注5]に嗜癖し続ける。そうなると，子ども（クライエント）が真実に

近づくことは難しく，抑鬱的な苦痛はマゾヒズムに変形されてしまう。

　Dは夢や治療中の振る舞い（エナクトメント）を通して，閉所にまつわる無意識的空想の断片をセラピストに伝えていた。例えば，母親の子宮，薄い透明のカプセル，ガラス張りのトイレ，スリル満点のスケボーである。そこは，窒息や汚染，大事故などの危険を伴う場所であるにもかかわらず，D本人はまるでそこを最上の楽園であるかのように感じており，そこから追放されることを恐れていた。Dによると，母親やセラピストは，Dにこのような楽園を提供することに失敗したばかりか，Dに分離の苦痛をもたらし，自分自身の快楽のみを追求する無神経で冷酷で無能な人間であった。すなわち，Dに授乳せずDから乳汁を奪ってネグレクトし，父親と性的な快楽に耽る（妊娠する）のを見せつける母親であった。

　おそらくDは，表面上，模範的な娘，学生，妻，母親の役割を遂行しながらも，苦痛を快楽であるかのように捻じ曲げ，それに嗜癖してマゾヒスティックな生活をするという閉所に留まり，相手(夫や母親)を攻撃者(ドメスティックバイオレンスの加害者，ネグレクトの母親)であると糾弾するという内的世界を生きてきた人であった。治療関係の中でも，このようなサド－マゾの状況がエナクトメントされていた。

　面接開始時から，セラピストはDの倒錯性を薄々感じ取っていたが，その理解を治療に十分活かせるようになったのは，3回目の出産から復帰した後であった。これは，クライエントの侵入的同一化が強力であったことも理由として挙げられるが，やはり，セラピストの訓練や実力が乏しかったこと及びセラピストの狭義の逆転移が生じていたためであろう。つまりDは，夢や空想の中で，セラピストの出産休暇をネグレクトとして糾弾したり，無能なセラピストがさらに（性的な）心的外傷を負わせていると責めたりしたが，それについて，セラピストは，過剰な罪悪感をおぼえ，D

注5）　倒錯とは性倒錯を指すのではなく，自己の良い（乳幼児的な）部分が悪い部分に服従し奴隷となっている状態を指している。

がエナクトメントしている無意識的空想を考えることができなかったのである。そこでスーパーヴィジョンが果たした役割は非常に大きい。

　Dの倒錯性に気付き、それへの対処を考えるようになって、セラピストの姿勢は断固とした態度に変わった。すなわち、マゾヒスティックな行為による倒錯的満足に安住しようとするDの動きに屈することなく、Dの依存的で乳幼児的な自己を丹念にみつけていくことを目指した。具体的には、例えばDがセラピストの発言を誤って使用したり、変形したりする際に、セラピストの意図がそれとは異なることを改めて明確に発言することであった。それは弱い惨めなDの部分の指摘ともなったので、Dはセラピストからの攻撃と受け取って怯えたり、ムッとして言い返し正当性を誇示したりすることもあったが、D自身が子どもたちとの関係でのトラブルやそこでの後悔、Dが対人関係でズレを感じたり不思議に思ったりしてきたことを想起できる時があり、自分がひねくれ、捻じ曲げて事態を理解している、と思い直すことができるようになった。

　そうしていくうち、Dは乳汁を奪われていたのではなく、乳汁を飲む前から、いつ奪われるかと不安になって抱かれようとせず、飲む途中で何度も母親を疑い、落ち着いて飲むことのできない赤ん坊であることが、セラピストに理解されていった。Dは自分自身で乳汁の代わり（ビタミン剤）を携帯していたが、それのために本物の乳汁から遠ざかっていたのである。その世界観は、母親の顔を見たい、母親の腕に抱かれたい、涙と鼻水の自分の顔を拭いてもらいたい、というDの願いが生まれたことにより、大きく変わった。

3）妊娠したセラピストがもつ困難と逆転移

　本事例は、スムーズに展開・治癒したものとは決して言えない。D自身の抱える困難が大きかったことに加え、セラピストの3回の妊娠・出産が治療経過を複雑にし、錯綜させたという事実は否めないからである。精神

分析的心理療法は，クライエントの空想を丁寧に醸成する治療設定を重要視するが，このように，セラピスト側が3度も妊娠・出産をすることは，標準的な方法を参照することが難しく，セラピスト自身が非常に難しい状況を作り出していたと言える。

　そうではあっても，困難や問題について一つ一つ考えていくことが，妊娠した臨床家にとって必要不可欠な課題であろう。

　セラピストにとって特に困難であったのは，切迫早産以降の治療過程であった。出産を間近に控えたセラピストの休みによって，Dは自分自身の攻撃が胎児を破壊したのではないかと恐怖におののいていた。一方，セラピストも，Dと胎児そして長子に罪悪感を抱き，セラピストの能力や容量を超えているのではないかという恐れをもった。それは，これから，長子，胎児，そしてクライエントたちを無事に世話することが可能だろうかという将来への不安，すなわちセラピスト自身の個人的な逆転移であった。しかしさらに熟考するとそれは，十分に世話ができもしないのにDを産んでしまった，という，Dが考えるDの母親の気持ちにつながっていた。セラピストの個人的な逆転移を吟味し，ワークスルーした上で，このセラピストの情緒をDのこころを理解する道具として利用するということが肝要であった。心理療法過程全体を見渡しても，Dが自分自身の攻撃性に目を向けることは，自分自身のこころをより理解するためにDが通らねばならない道のりでもあった。

　しかし，Dはセラピストを責めることに躍起になり，セラピストとの関係によって余計傷ついているという表現が強まった。セラピストは横臥法と週2回の面接を提供することで膠着状態の打破を試みたが，数年にわたって事態は却って困難な状況に向かっていった。セラピストが，Dの無意識的空想とエナクトメントされている現象を正確に理解し，セラピストの個人的な逆転移と峻別していたら，もっと早く展開していたかもしれない。

　これまで，セラピストが自身の逆転移をみつめ，そこからクライエント
の無意識的空想と自分自身の狭義の逆転移（肯定的なものも否定的なもの
もすべて含む）を区別する作業が重要であると述べてきたが，妊娠したセ
ラピストが持つ困難を少しでも減じるには，セラピストが第三の視点（父
親）を持つという状況が必要となるであろう。本事例の場合は，スーパー
ヴィジョンを受けたことと，精神分析理論を用いて彼女の「閉所」につい
て理解することであった。また，第3章に述べた主治医や医療スタッフと
いった外的な治療環境も同じ作用をもつかもしれない。逆転移を利用して
クライエントのこころを理解するのは，本当に難しいことである。妊娠し
たセラピストは，現実的に相当大きなハンディキャップを背負っている。
その限界を意識し，クライエント理解につなげてゆく必要があるだろう。

終　章

妊娠したセラピストが
心理療法を行うことの可能性と課題

　セラピストが，実際の母親になるという自分のこころの仕事と，セラピストとしてのこころの仕事に並行して取り組むには，相当な困難と苦痛が伴う。にもかかわらず，クライエントの生や死，病，性，家族の問題などに取り組む臨床家にとって，自分の妊娠・出産・育児体験は，ある特殊な，価値のある体験であると筆者は思う。

　但し，これらの体験を治療に活かすには，いくつかの条件があるように思う。本章では，これまでの考察をまとめ，妊娠したセラピストが心理療法を行うことについての試論を提示し，本書の総括としたい。

Ⅰ　匿名性の限界と分析的相互コミュニケーション

　これまで，セラピストの妊娠は「抱える容量の低下」（上別府，1993）を招くと言われてきた。確かに妊婦であるセラピストは，多大な身体的・精神的負担を抱えるため，集中力が低下することもあれば，妊娠以前のようなこころの状態でクライエントに向き合うのが難しいこともある。さらに出産休暇を取らねばならないため，セラピストが罪悪感を持つことも事実である。しかしながら，そこに留まらず，クライエントのこころを丁寧

に観察し，その現れを治療的に扱うにはどのようにしたら良いかを考えることが専門家としての責務であろうという問題意識から，本研究は始まっている。

そこで，セラピストの分析的態度，なかでもその匿名性について改めて考えてみたい。Freud, S. は，セラピストの中立性と匿名性を重んじ，セラピストがクライエントにとって「空白の投影スクリーン（blank projective screen）」であるよう推奨した。それに対してLax（1969）は，妊娠したセラピストは空白のスクリーンにはなれないが，セラピスト自身の乳幼児的葛藤が解決されているなら「最適な投影スクリーン（optimal projective screen）」になれるだろうと述べた。上別府（1993）も，セラピストの妊娠は，クライエントの空想をひっかける釘になるという視点を導入している。それらは，セラピストの妊娠によって喚起されたクライエントの空想の本質的な問題を扱うことを目指す態度のように思われる。

ところで，現代においては，匿名性を保てない場合に限らず，セラピスト側の逆転移を考慮しない「スクリーン」という二次元的な治療態度は，時代遅れの感が否めない。Bionのコンテイナー・コンテインド論に基づき，セラピストはコンテイナーという三次元的な器であるという考えが主流となっている。先に述べたように，このコンテイナーとしてのセラピストは，治療関係の中でクライエントのさまざまな情緒を受け止め，考えられないままになっているものを考えられるものにしていく一連のプロセスを担っている。

したがって，コンテイナーとしてのセラピストが，何のために，どのようにして匿名性を保つのかという視座で考査する必要がある。匿名性の問題を現代的視点から考えると，治療関係の中でクライエントのこころを理解するという精神分析的心理療法の営みにおいて，リアル・パースンとしてのセラピストを提示することに関わる問題だと言える。

現代の分析家ではないが，治療機序に関する議論で頻繁に参照される

「精神分析の治療作用の本質」の著者 Strachey（1934 ／ 2003）は，精神分析の治療作用として働くのは，セラピストのパーソナリティや共感，治療過程などではなく，解釈であることを強調した。そして，変容惹起解釈（mutative interpretation）によって起きる変容過程を二相に分け，クライエントは，第一相で，自分が分析家に衝動を向けていることに気付き，第二相で，自分が衝動を向けている対象が蒼古的な空想対象であって，今目の前にいるセラピストではないことに気付くと述べ，このような過程を経て，現実に対する認識を強く持つようになるとした。Strachey は，第二相での変化を産み出すためには，セラピストが現実を示すことを控える必要性があると述べた。

　逆説的ではあるが，患者の自我が空想か現実かを識別できることを確実にする最善の方策は，可能な限り患者に現実を差し出さないことにある。（中略）現実が最小限の量に管理される時にのみ，患者は現実と折り合いをつけられるだろう。そして，これらの現実の量とは，分析家が解釈という形式で患者に与えるものなのである。
　（Strachey，1934 ／ 2003「精神分析の治療作用の本質」pp.35-36）

また，松木（2010）は，

　それ（現実と空想の仕分け）は，臨床家にいわば日常的なやり方で積極的に現実を現実として提示され，アナライザンド[注1]がそれをそのまま現実と受け取ることで成し遂げられるのではありません。実際は，その逆です。それは，アナライザンド本人によって，空想が空想とはっきりと認識されることによって成し遂げられるのです。

注 1）　アナライザンド：　被分析者，患者。

（松木，2010『精神分析臨床家の流儀』p.83）

と述べている。いずれも，セラピストがクライエントに自己開示したり，リアル・パースンとしてのセラピストを提示したりすることは，クライエントが空想を空想として認識することによって，現実を真に理解することを妨げると警告している。セラピストの妊娠という事態においても，クライエントに問われるままに，赤ん坊の性別やセラピストの心身の健康状況を開示することは，治療上有益ではない。クライエントが赤ん坊や妊娠したセラピストに対して抱いている空想の中にクライエントのこころの真実があるからである。これはセラピストが意識化できる課題である。

　また，セラピストの匿名性を守る目的は，あくまでもクライエントの空想を空想として醸成するためのものであって，セラピスト側の私的な変化や情報をかたくなに秘密にし続けることではないということにも留意する必要がある。

　セラピストが妊娠した場合，見た目にそれが明らかとなっていく上，出産前後は休みを取る必要があるので，クライエントが意識的・無意識的にそれに気づかなかったとしても，セラピストが自身の妊娠という事実や出産について伝えない，または伝えることを恐れるという状況は，クライエントの無意識的空想の展開を尊重しているとは言えない。よく見聞するのは，セラピストの罪悪感が強いために，クライエントにセラピストの妊娠を伝えるのが遅れてしまう現象である。これは明らかにセラピスト側の意識的かつ無意識的な問題であり，セラピストの妊娠に関してクライエントが空想を持ち，それをワークスルーする機会を奪うことになりかねない。Uyehara ら（1995）は，妊娠4～6か月頃，クライエントにセラピストの妊娠と出産休暇の予定を伝えることを勧めている。前期は母体も胎児も不安定であり，後期はクライエントの空想をワークスルーするのに十分な時間が持てないことがその理由である。

　筆者は，あるクライエントに妊娠していることを知られないよう，さらしを巻いてカモフラージュすると同時にクライエントの攻撃性から胎児を守りたいと空想したことがあった。筆者は，この逆転移的空想から，そのクライエントの強い圧力にセラピストが反応していることに気づいた。そのクライエントは，信頼に足るセラピストとはクライエントのことだけを考える人で，私的な生活を感じさせるセラピストは未熟である，無機質かつ透明であれ，と強く要求する人であった。それがセラピストの妊娠に関する罪悪感と結びついて，過剰な反応を起こしていたのであった。

　松木（1990）は，「治療者の中立性という考えは，分析的治療者の在り方についての理論的理想であって，臨床実践においては分析的相互コミュニケーションを維持しようとしていく治療者の態度そのものであり，そのコミュニケーションを正確かつ精密に理解していくための指標をもたらしてくれる治療者の在り方についてのモデル」と述べている。理論的理想という考えは，中立性のみならず匿名性にも適用できるだろう。セラピストは，できる限り自己開示せず，その匿名性を保つことによって，分析的相互コミュニケーションを維持し，そのコミュニケーションを正確かつ精密に理解しようとする。そしてさらに，クライエントの投影を受ける的であり器となることを目指す。

　筆者は本書で，中立性及び匿名性が理論的な理想であって，それを目指し続けるものの，完遂できない点にこそ重要性があることを主張してきた。セラピストの妊娠は，肉体的にも精神的にも，セラピストの私的生活と臨床生活とを区別できない事態を招く。セラピストは，その現実と限界を受け入れた上で，セラピストの何をいつまで匿名化することが治療的であるのか，自身で考え，クライエントの無意識的空想の展開を促進するように最大限努力することが，求められるだろう。

Ⅱ　セラピストの妊娠を治療に活かすための条件

　セラピストの妊娠という事象は，継続的な面接，しかも無意識を扱う精神分析的心理療法においては，大きなハンディキャップとなるが，治療姿勢や治療技法に工夫をすることで，クライエントの無意識的空想を鮮やかに映し出し，治療的進展が見られることもあるだろう。本項では，セラピストの妊娠を治療に活かすための条件をまとめてみたい。

　まず，日本の先行研究をレビューすると，セラピストの妊娠に対するクライエントの一時的または即時的な表現や反応のみが記述されており，それに対するセラピストの解釈や，それ以降の面接経過について，十分に考察している事例研究が非常に少ないことが分かった。しかし筆者は，セラピストの妊娠・出産をめぐる問題は，妊娠中や出産直後の反応を吟味するだけでは不十分であることを強調したい。筆者の体験では，セラピストの妊娠や出産は，クライエントの無意識の深層を刺激するために，しばらく経過した後も，セラピストの妊娠による影響だと思われる洞察が見られたり，セラピストの妊娠によって明らかになった無意識的空想やそのメタファーが動き出したりすることがある。事例研究で報告したように，ＡとＣの場合，大きな転換点を迎えたのは，セラピストの職場復帰後約半年であり，Ｂの場合は約１年であった。Ｄはセラピスト出産３回目の職場復帰の１年半後，第２子妊娠時のセラピストの当日キャンセルについて，自分が胎児を攻撃したせいだと思った，と振り返ったが，それは自らの攻撃性への洞察につながっていった。あらゆる反応をセラピストの妊娠と結び付けることは浅はかであるが，セラピストの妊娠に関連する諸問題が，出産からの復帰によって一気に解決されることはなく，治療経過の中で，長期的にこころに留め続ける必要がある。

　筆者は，第２章Ⅴで，先行研究のまとめ及び自らの経験から，妊娠したセラピストが心理療法を治療的に維持する条件として，以下の３つの事柄

を挙げた。それは，①クライエントの転移反応を理解すること，②クライエントの自己探索を促進すること，③逆転移をモニタリングし，それを利用することである。さらに第4章Ⅲで④治療空間全体のコンテイニングを図ることを加えた。本項では，これらの項目をもとに，セラピストとクライエントの間に起こる無意識的コミュニケーションについてさらに検討を加える。

1. クライエントの転移と無意識的空想の理解
―赤ん坊と母親―

　まず何よりも，セラピストの妊娠によって，クライエントの内界にどんな事象が起きているかを理解することが重要である。そのためには，セラピストの妊娠までに，ある程度の期間心理療法が継続され，セラピストとクライエントの間に一定の関係性が結ばれており，そこでの転移関係がセラピストに把握されていることが望ましい。セラピストの妊娠によって，それまで見られた転移関係が大きく発展するのか，それとも全く異なる状況が展開するのかを丁寧に観察することが肝要である。治療期間が短い治療初期のうちにセラピストが妊娠した時には，無意識的空想の展開を助け，その意味を吟味することは困難を極める。また，何よりも，治療初期に大きな空白期間があることは，クライエントにとって大きな負担である。そのため，別のセラピストに紹介するという方法も勧められる。

　第2章Ⅲ（2）では，先行研究のまとめから，セラピストの妊娠時に展開する重要な転移のテーマとして，分離不安の問題，競争の問題，エディプスの問題の3つを提示した。さらに第3章では，精神分析理論から，結合両親像という無意識的空想が招く，感覚印象の破壊や否認，倒錯的反応，そして三角空間におけるエディプス葛藤の克服やアンビバレントな感情を持ちこたえる課題などを検討し，そこでセラピストのコンテインメント機能やアルファ機能の重要性が確認された。

　ここでは，これらの論点を念頭に置きつつ，本論文で提示した事例を改めて振り返り，「赤ん坊への空想」と「セラピストへの空想」という視点から新たに考察してみたい。

　まず，胎児や赤ん坊に対する空想について考察する。

　Aは，セラピストの赤ん坊に自身を投影して，仕事に夢中になっている母親－セラピストにほったらかしにされている赤ん坊を想像した。Bは，その存在すら黙殺されていた血の塊としての赤ん坊（クライエントの乳児部分でもあり，妹でもあった）が想起され，セラピストが不在になる不安と母親の膝を奪う妹というイメージが関連を持つようになり，さらに治療空間で新たに生まれた赤ん坊（依存的なクライエント）に変容したと考えられた。Cは，いつも両親の注目を集めている攻撃的で我の強い弟をセラピストの胎児に投影し，嫉妬したので，面接場面に感情が湧き出てくるようになり，面接が大きく展開した。Dは，1度目の妊娠では，胎児を両親の性関係を示すものと見て否認したが，2度目の妊娠では，クライエントの攻撃性によって命が危ぶまれる胎児を投影し，3度目の妊娠でさらに，自身の攻撃性に対する気付きと倒錯性の意識化が進展した。

　このように，セラピストの胎児・赤ん坊には，満たされている，苦しんでいる，ほったらかしにされている，死に瀕している，クライエントを排除して母親を奪う，自分の攻撃によって死にかけているなどとさまざまな思いが投影された。そうした思いは，クライエント自身の乳児部分を示す場合もあれば，結合両親像におけるペニスを示す場合もあれば，より象徴的に同胞葛藤としての弟妹を示す場合もあれば，分析空間で生まれようとしている新たな赤ん坊の誕生を内包している場合もあった。こうして，投影されている情緒と内容，投影の水準，自己の位置を検討することによって，クライエントがどのような心的状態にいるのかを詳細に理解することができるだろう。そしてこのような理解を解釈として伝えていくことは，治療の進展に貢献するだろう。

　クライエントの無意識的空想の中の赤ん坊が，セラピストとクライエントの間の創造的な分析的赤ん坊となるなら，それは，セラピストとクライエントの間に生まれる新しい発見となるかもしれない。

　次に，セラピストに対する空想について考察する。

　特に妊娠時のセラピストには，性的に活発な女性であるという側面が強く投影されやすい。セラピストが妊娠するという事象は，母親が性的な存在であることを知る体験に近い大きな衝撃があるように思われる。ただ，社会通念上，セラピストの性的生活についての空想を語ることは避けられる傾向があるので，セラピストが繊細に対応しなければ，クライエントの口から直接語られることは殆どない。だからこそ，性にまつわるクライエントの問題は，アクティング・アウトやエナクトメント，または夢という形で浮上しやすくなる。Ａの場合，略奪婚空想が発病の契機となっていた上に，主治医とセラピストの不倫を疑っていたこともあり，セラピストが性的な存在であるという事実は，クライエントに非常に大きな衝撃を与えた。Ｂは，セラピストと競うことを示す夢を報告したり露出度の高い服装で来談したりし，Ｃも寂しさを性的なアクティング・アウトで埋めようとした中に，セラピストへの同一化や競争心があったことが窺われた。Ｄは，母親転移の文脈で，セラピストが危険な性行為をしているという空想が夢として現れたように見受けられた。このように，セラピストの妊娠と出産という事象によって，カップルとしての両親像が，クライエントの内界でどのように位置づけられているか，またそれに対してクライエントがどのように応じてきたかが，如実に表れる。セラピストは，クライエントが抱いているものが，二者関係的な羨望なのか，三者関係的な嫉妬なのか，それとも，分離を完全に否認し，セラピストに侵入的に同一化しようとして倒錯の状態にあるのかなどを見分けなければならない。こうした表現を，アクティング・アウトからアクティング・インへと変容させ，分析過程でのワークスルーを促すためには，セラピストがクライエントの無意識的空

想をできるだけ正確に解釈する必要があるだろう。

　出産休暇を終えて復帰したセラピストには，性的な側面よりも母親的な側面が投影されることが多いように思われる。この母親像にもさまざまなバラエティがあり，養育的な母親，完璧な母親，ネグレクトする母親，子どもに無関心な母親，話をよく聴いてくれる母親，子育てに疲れて弱り果てている母親などが治療場面に出現する。胎児に対する空想がそうであったように，この空想についても，クライエントのどの部分が投影されているかを検討することが肝要である。クライエント自身の超自我的な親の部分がセラピストに投影されている場合もあれば，クライエントの理想的な親空想が投影されている場合も，さらに，セラピストに良い母親対象を見出した上でセラピストの親機能に同一化していく動き（事例C）が見られる場合もある。このように，空想の内容と，クライエントの自己のどの部分が排出されているかを詳細に検討する必要がある。

　妊娠したセラピストが，クライエント自身の乳児的部分をみつけることができ，その気持ちを理解し，解釈することができれば，クライエントは安堵するだろう。セラピストは，確かに自身の胎児や赤ん坊にもこころを奪われるものだが，にもかかわらず，クライエントのこころを理解し受け止めることができることを示し，実際にそうしたこころの仕事を遂行し続けることで，クライエントは自分自身のこころを表現することを励まされるだろう。このように，エナクトメントされたものを意識的・無意識的空想に，そしてさらに体験的理解に変容させていくことが，セラピストに求められる。

　このような転移をセラピストが正確に読み取っていくには，スーパーヴィジョンによる援助が必要であるかもしれない。Dの事例で，倒錯的な対象関係が固定化されたように，セラピストの罪悪感や盲点が，事態を膠着化することも往々にしてあるからである。

2．クライエントの自己探索を俯瞰的な視野で促進すること

　第4章Ⅲで述べたように，妊娠したセラピストは，妊娠独特の個人的な逆転移，すなわちクライエントの攻撃から胎児を守りたくなるといった反応が起きやすいため，クライエントの強い攻撃性や怒り，妄想的考えに踏み込んで解釈することを躊躇するといった問題が生じやすい。そのような困難があることを考慮しながら，クライエントの自己探索を現実的に促進する方法について考えてみたい。

　まず，妊娠中には，身体的にも精神的にも負担が大きく，母子カップルがクライエントに晒されているという感覚も生じやすい。そのため，クライエントの空想に持ちこたえて，迫りくる出産休暇という危機に備えることが当面の目標となるだろう。特に妊娠中は，リアル・パースンとしてのセラピストを提示することでクライエントの無意識的空想の展開を妨げることのないよう，かなり慎重な分析的態度が求められる。後に述べるように，セラピストの逆転移をかなり丁寧に吟味し，アクティング・アウトしないように，その感情をしっかりと保持し続けなければならない。

　出産休暇中は，クライエントに危機的な状況が起きた場合に，それに対処できる態勢を作っておきたい。主治医の定期的な診察を確保し，場合によっては，緊急時用の別のセラピストを紹介しておく方法もあるだろう。

　出産後は，出産休暇中にクライエントがデフォルメした空想を，セラピストが深く理解し解釈するという仕事が待っている。セラピストにとって，産後は尚更身体的・精神的な負担が大きいものだが，治療空間から胎児が居なくなることで，クライエントの無意識的空想を空想そのものとして扱いやすくなるように思う。特に，攻撃的及び破壊的な投影は，格段に受け止めやすくなるように思われる。Aは夫の前妻に対する殺意や性欲について話すことができたし，Bは夫婦の間に強引に入り込む願望をアクティング・アウトしたことを治療的に扱うことができた。Cも分離の痛みを即座に穴埋めするために男性を頼ったことがCのこころを理解する糸口と

なったし，Ｄも，３回目のセラピストの出産では，自分自身の攻撃性を認めず，倒錯的に生きてきたことに気付くことができた。

　このように，セラピストが今ここでの転移 - 逆転移に囚われ過ぎず，治療プロセス全体を俯瞰し，治療の継続を安定的に図りながら，クライエントの自己探索を積極的に促進する時期を待つ姿勢が求められる。クライエントの自己探索の歩みの速度が速まったり遅れたりすることを念頭に入れながらも，何とかクライエントの無意識的空想の展開を維持し続けることが重要である。そもそも，精神分析的心理療法で，クライエントの自己探索はいつも円滑に進むわけではない。しかし，セラピスト側の事情で頓挫しているように見える場合は，セラピスト側が自身のこころを慎重にモニタリングする必要があるように思われる。

　また，フェミニン・フェイズを乗り越えることが子どもの発達にとって非常に重要であるという認識にも開かれていたい。子どもが生や性に関心を持ち始める時，それは恐怖や喪失を伴う苦しい事態かもしれないが，同時に象徴形成や思考することについての扉を大きく開くことになる。クライエントに快を与えたいセラピストは，苦痛の中で真実を知るプロセスを軽視しがちである。いたずらにクライエントに苦痛を与えるのは論外であるが，クライエントを常に快適でいさせようとするのも，セラピストの自己愛的な願望であり，意図せずしてクライエントを傷つけてしまったり，苦しめてしまったりするという現実を，セラピストは受け入れる必要があるだろう。クライエントは，セラピストが現実と限界を受け入れ責任を持っているという前提のもとで，自己の真実をみつめる勇気を得るのではないだろうか。

３．逆転移のモニタリングとワークスルー

　これまで，精神分析的心理療法において，セラピストの個人的な逆転移と，クライエントが投影した感情に賦活されて感じている逆転移を分別

することは，治療上必要不可欠であることを述べてきた。妊娠したセラピストは，自らの人生上の出来事が治療に影響を及ぼしたという事実を，無意識的に否認したり軽視したりする傾向があり（Penn, 1986），それを感知したとしても，罪悪感に苛まれ思い悩むことがある（上別府, 1993 他）が，そこに留まっていてはいけない。セラピストが，人生上の大きな出来事によって受けた影響に向き合わなければ，それは「転移に対する逆反応」（Penn, 1986）と呼ばれる病的な逆転移となってしまう。そのまま治療にあたることは危険である。

　セラピストは妊娠の経過によって変化するセラピスト自身の感情をモニタリングし，それを発散せずに保持し，その感情との折り合いをつけることを通して，治療空間を維持していく。その具体的な内容について検討してみる。

　まず，妊娠したセラピストに生じやすい逆転移感情を把握する必要がある。

　Penn（1986）は，妊娠したセラピストが，胎児と身体を共有するという経験によって，身体の境界感覚が減じ，ある種のクライエントが持っている共生的欲求への感受性が高まり，防衛的に距離を取るか，クライエントに共感しやすくなることを指摘した。加えて上別府（1993）は，私的事情で治療を変更すべきでないという超自我と社会文化的背景による罪悪感などを挙げている。日下（2006）は，妊娠中のセラピストが「原初の母性的没頭」（Winnicott, 1965 ／ 1977）になることを挙げている。さらに筆者は，妊娠という経過それ自体が予測不能で抗えないもので，妊婦の努力やコントロールを超えたものであり，心理療法の中断やキャンセルという危険を孕んだ緊張状態の中で，治療に臨む不安が大きいということ，さらにクライエントに対してだけでなく胎児にも罪悪感をおぼえることなどを挙げた。

　妊娠したセラピスト特有の上記のような逆転移に向き合うことがセラピ

ストに求められる。たとえ，無意識の大部分が意識化できないとしても，セラピストが自身のこころに目を向け続け，その逆転移をワークスルーすることは非常に重要である。しかしながら，妊娠中ともなれば，その困難さは増すばかりである。本章の冒頭で述べたように，逆転移反応を隠すことで匿名性を保とうとすることは，真の分析的態度は持てない。それをワークスルーするには多大なエネルギーが費やされるものである。個人分析などが必要となるかもしれない。Heimann（1950／2003）は，「治療者自身の分析の目的は，純粋に知的な手続きに基づいた解釈を生み出しうる，機械的な頭脳に治療者を変えることではなく，クライエントが諸々の感情を発散させるのと対比して，治療者が，自分の諸感情を保持できるようにすることである」と述べている。Brenman-Pick（1985／2000）も，セラピストは，クライエントの投影をコンテインするだけでなく，クライエントがセラピストに投影する耐えられない感情の重圧にさらされながら，自分自身の感情と折り合いをつけるのを強いられると述べ，さらに，「解釈や解釈を与える行為は，単なる言葉の部分対象的な選別ではなく，治療者側の統合的かつ総合的な行為である」とも述べている。自分自身の情緒を経験しつつもそれを保持するという行為は，容易にできることではないものの，セラピストが人間として紡ぎ出す言葉であるからこそ，クライエントに伝わる解釈となるのだろう。

　セラピストの逆転移を丁寧にモニタリングした後に，それを利用するという方法は，妊娠中以外の時と大きく変わらない。むしろ，基本に忠実に心理療法をすることが最も重要であるように思われる。それがいかに難しいかということについて，本書で論じてきたと言ってもよい。

　最後に，セラピスト自身が，胎児や新生児との関係の中で，個人的な人生の課題に向き合い，ワークスルーすることの重要性を筆者は強調したい。私たちセラピストは，ある種の専門的なロボットとしてクライエントに会うわけではない。捉え難い不完全なこころを抱えながら，自分自身の無意

識的な変化を注視し，果てしないほどの深く大きな無意識を意識化しなが
ら，クライエントを理解することにそのこころを使用するのである。それ
が人間の叡智ではないだろうか。

4．治療空間のコンテイニング　―第三の視点―

　筆者は，複数の妊娠・出産を体験した時，主治医がクライエントを適切
にマネジメントし，医療スタッフも同様にクライエントを継続的にサポー
トしてくれるという環境に恵まれていた。セラピストが出産休暇で不在の
間も，クライエントは実際の生活をしながらセラピストや胎児に刺激され
て空想したさまざまなこころの課題に取り組むことになる。数か月に及ぶ
休みは，やはり過酷で苦痛なものである。心理療法の意義を理解し支持し
てくれるスタッフが，セラピストの職場復帰までを緩やかにつないでくれ
なければ，筆者のクライエントの多くは，4か月の出産休暇を乗り切れな
かったかもしれない。日下（2006）も，「患者を（特に治療者が不在の間）
抱えてくれる主治医や，スーパーヴァイザーの存在は，患者と治療者双方
にとって「抱える環境」であった」と述べている。

　また，男性主治医と女性の（心理療法を行う）セラピストの組み合わせ
で治療にあたる場合，主治医に父親，セラピストに母親が投影されること
がよくある。例えば，両親（主治医とセラピスト）が，子ども（クライエ
ント）の居ない所で子ども（クライエント）について勝手な取り決めをし
ているのではないか，また，両親（主治医とセラピスト）は，実はとても
仲が悪く，子ども（クライエント）の養育（治療）に熱心でないのではな
いか，などといった空想をクライエントが持つのは珍しいことではない。
そのような文脈で考えると，セラピストの出産休暇中の主治医とクライエ
ントの関係について，母親が出産で家を不在にする時の父親と上の子ども
の関係のように体験するクライエントは少なくないかもしれない。父親と
しての主治医の方も，母親（セラピスト）が帰宅するまでの間，従来の父

親（主治医）としての仕事をしながらも，母親（セラピスト）が不在の分，不安定になっている上の子（クライエント）の世話に，いつもより手をかけるといったことがあるかもしれないだろう。第4章Ⅲで，産褥期の母子が，父親を含む家庭や社会という環境で抱えられる重要性との関連で論じたように，二者関係の中にいた母親と子どもは，その外側に父親や社会というコンテイナーを持っていると実感した時，現実認識が大きく進むように思う。

　また，実際的及び具体的に，セラピストとクライエントのコンテイナーとなる治療環境とは別に，スーパーヴァイザーや自身の分析家とのこころの仕事が，専門的にセラピストを抱えるということも忘れてはならない。これは，第三章Ⅶで論じた，Britton（1998 / 2002）の第三の立場に立つことの重要性と関連があるように思われる。セラピスト - クライエントカップルを冷静に観察し続けてくれる観察者があること，その照り返しによって，セラピストとクライエントは自分の感情を取り戻しやすくなるかもしれない。

Ⅲ　「人生の事実」と心理療法

　母親（セラピスト）の妊娠が，「おめでたいこと」であったり，「恐ろしいこと」「許せないこと」であったりしても，そもそも，まぎれもない「人生の事実」であるとは言えないだろうか。人間に生と性がある限り，妊娠や出産は何の変哲もない事象である。ここで筆者は，セラピストの妊娠・出産にかかわるセラピストとクライエントの仕事を，Money-Kyrle が「精神分析の目的（The Aim of Psychoanalysis）」（1971）で掲げた，受け入れることが最も重要な「人生の事実」である，という観点を導入したい。

　Money-Kyrle（1971）は，受け入れることが重要な人生の事実を3つ挙げている。それは，①乳房を最高に良い対象として認識すること，②両親

の性交を最高に創造的なものとして認識すること，③時間と最終的な死の必然性を認識することである。

　この３つの事実は，受け入れることが重要であるのはもちろんだが，受け入れることが困難な事実でもある。私たちは，乳房を最高に良い対象と認識することによって，その乳房がない時には果てしない心細さと寄る辺なさを感じ，途方に暮れるだろう。良いものの源泉が，自分の外側にあることを本当に理解し受け入れたなら，私たちは，それに依存するしかない無力な自分を発見してしまうからである。また，両親の性交を最高に創造的なものとして認識し受け入れることによって，自分にはそのような創造的な力がないこと，自分はその親密な関係性の中には決して入れないということを思い知るだろう。さらに，時間と最終的な死の必然性を認識するなら，現実の中での自分自身の行いや起こった出来事は，決して覆らないし，失ったものは自分の手にはもう戻ってこないということに愕然とするだろう。私たち人間には皆，死が待っており，誰も避けることができないのである。

　私たち人間は，このような痛々しくも確かな人生の事実に対して，気が付くと，さまざまな防衛的空想を用いて抵抗しているものである。しかし，これらの事実は，人の生と死に向き合う時，明らかすぎるほどに明らかである。

　セラピストの妊娠が治療場面にもたらされる時，セラピストが赤ん坊を宿し，それが育ってゆく（または不幸にして育つことができない）姿をクライエントは見ることになる。そうしてセラピストとクライエントは，胎児が母親なしでは大きく育っていけない無力さを持っていること，胎児自身が両親の創造物であり，何かを創造することはできないということ，そして胎児の大きさの変化によって，時間が確実に前に進んでいるという事実を共有する。人は皆，母親の胎内に宿り，胎児となり，赤ん坊となって人生が始まるが，その普遍的な事実の目撃者となるのである。

それは個々のクライエントが持つ無意識的空想とは，異なる次元の体験であるように思われる。

日常生活において，Money-Kyrle が示す「人生の事実」を常に意識することはないだろう。しかし，これらの事実は，ある種の心理的危機の状況や生死にかかわる場面，心理的な病に罹っている時などに，私たちのこころに真に迫って来るものであり，それは私たちの人生の最も底辺に常に流れている事実である。セラピストの妊娠という状況は，それまでにセラピストとクライエントが積み上げてきた，馴染みのある治療関係世界に波紋を投げかけるものかもしれない。しかし「人生の事実」は，そうして突然に私たちの現前に明らかになるものではなかろうか。このようにして目の前に現れた人生の事実をいかに理解し，その事実をどのように生きていくのかが問われるのが，心理療法におけるセラピストの妊娠という状況なのかもしれない。

また，Raphael-Leff（2004）が，母親は皆「生殖に関する神秘」という主題を抱えており，それが無意識的にクライエントに伝達される可能性があると述べたように，セラピストが人として迎えている本質的な変化が何らかの形でクライエントに伝わっている可能性は高いように思う。もちろんそれは良いものばかりではない。上に述べたような，人生の事実が，クライエントそれぞれが持つ主題に沿ってさまざまなコントラストで浮かび上がるのではないだろうか[注2]。

Ⅳ　今後の課題

今回の研究では男性クライエントや子どもとの継続した心理療法を取り

注2）　おそらくこうした議論は，Meltzer et al.（1988）の「美的葛藤」や「美的体験」概念を巡る，「美」と関連するのではないだろうか。しかし，これ以上の考察は筆者の理解を超えているため，触れるに留めておく。

上げることができなかった。男性クライエントや子どもが，女性セラピストの妊娠・出産に関してもつ無意識的空想の内容とその展開についての検討は，今後の研究を俟ちたいと思う。ただ，Lax（1969）は，男性クライエントは女性クライエントに比して反応が乏しく，長い間，セラピストの妊娠を否認していたと報告している。日本の先行研究を概観しても，男性クライエントの何割かがセラピストの妊娠を無視するか軽視するような反応が示されている。Lax（1969）は，このような男性クライエントと女性クライエントの反応の違いを，発達的差異によるものと述べている。男性クライエントの場合は，女性セラピストに対してエディパルな誘惑願望を持つだけでなく，母親のように子どもを持ちたいという乳児的な願望ももっており，そのいずれも否認するというのである。セラピストとクライエントが異性同士の場合，つまり男性クライエントの場合は恋愛転移が起こりやすく，セラピストが妊娠した途端にセラピストに性的なパートナーが居ることが明らかになるので，その衝撃は女性クライエントよりも大きいかもしれない。そしてその無意識の奥底には，乳児的な願望も隠されている可能性があるということだろう。

　同様に，子どもの心理療法は身体を伴うものであるので，実際に胎児を抱えた状態で，激しい表現をする子どもとの心理療法をすることは，かなりのエネルギーを使う。本研究においてプレイセラピー特有の展開については，考察することができなかった。

　また本研究では，クライエントの無意識的空想に焦点化した議論を行ったため，セラピストが出産休暇として休む期間はどの程度なのか，勤務体制はどのような形か，出産休暇中にセラピストの代理を立てるか否か，アクティング・アウトにどう対応するのか，セラピスト自身の緊急事態にどう対処するのかといった実際問題及びマネジメントについては，ほとんど述べることができなかった。筆者の体験した事例は，概ね3〜4か月間の出産休暇を伴うもので，セラピストの健康が特別危機的な状況になること

はなかったが，実際にはさまざまなケースがあるように思う。セラピスト
が出産退職する場合についても検討が必要だろう。これらの点について，
まだ本研究は基礎的なものであり，今後発展の見込みがあるものだと考え
られる。

　筆者の個人的な今後の課題は，スーパーヴィジョンや個人分析によって，
妊娠したセラピストを援助していくことである。女性の社会進出が目覚ま
しい現代社会において，女性の妊娠と出産が，単純なキャリア上のブラン
クや，両立の難しさという水準で議論されるのではなく，生きることと働
くことの有機的な連関となるよう，専門的な技術や理論を用いて議論され
ることが求められているように思う。

V　おわりに

　筆者は「はじめに」で，乳児の母親として体験した，生々しい非言語的
交流が，臨床家としての訓練のようにも感じられたことを述べた。本研究
を終えて，筆者が新たに学んだことは，妊娠・出産を含め，セラピスト自
身の意識的・無意識的な種々の変化に取り組むということは，クライエン
トの投影を引き受け，それと同定するために必要不可欠な仕事であり，そ
れゆえに乳児の母親としての体験を本当の意味で咀嚼しなければ，治療に
活かすことはできないということである。

　おそらくこのことは，妊娠・出産以外の，セラピストの人生上のさまざ
まな出来事にも当てはまるのではないかと思う。私たちセラピストのここ
ろは，クライエントのこころを理解するための道具である。しかしこの道
具は血が通っており，成長もすれば不具合も起こす，繊細かつ流動的で，
頼りにならないものでもある。セラピストは，自分の人生を通して，この
道具を磨き上げ鍛錬し続けなければならない。

　重大な対象喪失に打ちひしがれている時，重要な決断を迫られている時，

大きな安堵や喜びに浸っている時など，人生のさまざまな局面において，私たちは，「にもかかわらず」，セラピストとして，クライエントのこころを受け止め考える仕事をしていく。それはもちろん，クライエントの前で，何もなかったかのようにカモフラージュすること，それらしく振る舞うこと，わかったふりをすることではない。そうした体験で生じた自分の感情をみつめ，理解しようとすることを通して，私たちのこころという道具を維持する最大限の努力をはかることである。不快なこと，感じたくないこと，感情に任せて放置したいことが，セラピストの無意識に流れ込んでいってしまうなら，クライエントの投影された感情とそれが区別できなくなってしまう。区別できないまま，セラピストのこころを道具に使うことは，非常に危険な行為でもある。

　私たちセラピストは，生きてさまざまな体験をしている。それを治療に生かすには，自分自身の人生についてよく考え，よく理解し，よく体験していることが求められるのである。意識的には，私的な生活とセラピストとしての生活を分けようとする努力を怠ってはならないが，否応なく無意識的にはつながっている。そうした理解を持って，無意識を意識化し続けることが私たちセラピストに求められるだろう。

文　献

馬場禮子（1996）．心理療法家アイデンティティの形成と変遷．精神分析研究，40, 183-187.

Bassen, C.R.（1988）．The impact of the analyst's pregnancy on the course of analysis. *Psychoanalytic Inquiry,* 8, 280-298.

Berman, E.（1975）．Acting out as a response to the psychiatrist's pregnancy. *Journal of the American Medical Women's Association,* 30, 456-458.

Bernstein, A. E. & Warner, G. M.（1984）．*Women Treating Women: Case Material from Women Treated by Female Psychoanalysts.* New York: International Universities Press.

Bibring, G.L.（1959）．Some considerations of the psychological processes in pregnancy. *Psychoanalytic Study of the Child,* 14, 113-121.

Bibring, G.L., Dwyer, T., Huntington, D. & Valenstein, A.（1961）．A study of the psychological processes in pregnancy and of the earliest mother-child relationship. *Psychoanalytic Study of the Child,* 16, 9-72

Bigras, J.（1990）．Psychoanalysis as incestuous repetition: Some technical considerations. In Levine, H.（Ed.）．*Adult analysis and childhood sexual abuse.* New Jersey: Analytic Press.

Bion, W. R.（1959）．Attacks on linking. *Melanie Klein Today, Vol.1.* Spillius, E. B.（Ed.）．87-101. 中川慎一郎（訳）（1993）．連結することへの攻撃　松木邦裕（監訳）．（1993）．メラニー・クライントゥデイ①．岩崎学術出版社．106-123.

— （1962）．*Learning from Experience.* London: William Heinemann. [Reprinted

London: Karnac Books]. Reprinted in Seven Servants（1977e）.

福本修（訳）（1999）．精神分析の方法Ⅰ．法政大学出版局．

— （1963）．*Elements of Psycho-Analysis*. London: William Heinemann. [Reprinted London: Karnac Books]. Reprinted in Seven Servants（1977e）. 福本修訳（1999）．精神分析の方法Ⅰ．法政大学出版局．

Brenman-Pick, I.（1985）．Working through in the counter-transference. *International Journal of Psycho-Analysis*, 66, 157-166. 鈴木智美（訳）（2000）. 逆転移のワーキング・スルー．松木邦裕（監訳）（2000）．メラニー・クライントゥデイ③．岩崎学術出版社．44-62.

Britton, R.（1998）．*Belief and imagination: Exploration in psychoanalysis*. London: Routledge. 松木邦裕（監訳）（2002）．信念と想像：精神分析のこころの探求．金剛出版．

Browning, D.（1974）．Patient's reactions to their therapist's pregnancy. *Journal of the American Academy of Child Psychiatry*, 13, 468-482.

Cassesse, S. F.（2001）．*Introduction to the work of Donald Meltzer*. 木部則雄, 脇谷順子訳（2005）．入門　メルツァーの精神分析論考．岩崎学術出版社．

Crastnopol, M.（1997）．Incognito or not? : The patient's subjective experience of the analyst's private life. *Psychoanalytic Dialogues*, 7, 257-280.

Deben-Mager, M.（1993）．Acting out and transference themes induced by successive pregnancies of the analyst. *International Journal of Psycho-Analysis*, 74, 129-139.

Dewald, P. A. & Schwartz, H. J.（1993）．The lifecycle of the Analyst: Pregnancy, Illness, and Disability. *Journal of the American Psychoanalytic Association*, 41, 191-207.

Etchegoyen, A.（1993）．The analyst's pregnancy and its consequences on her work. *International Journal of Psycho-Analysis*, 74, 141-149.

Fallon, A.E. & Brabender, V.M.（2003）．*Awaiting the therapist's baby: A guide for expectant parent-practioners*. London: Psychology Press.

Feldman, M.（1989）．The Oedipus complex: clinical manifestations, In Steiner, J.（Ed.）．*The Oedipus complex today*. London: Karnac.

Fenster, S., Phillips, S.B. & Rapoport, E.R.G.（1986）．*The therapist's pregnancy: intrusion in the analytic space*. London: Routledge.

Freud, S.（1895d）．Studies on Hysteria. *Standard Edition 2*. 芝伸太郎訳（2008）ヒステリー研究．フロイト全集 2. 岩波書店．

— （1900a）．The Interpretation of Dreams. *Standard Edition5*. Ch.7. 新宮一成

── (訳)（2011）. 夢解釈Ⅱ. フロイト全集 5. 第 7 章. 岩波書店. 290-428.

── (1905d). Three Essays on the Theory of Sexuality. *Standard Edition7,* 123-243. 渡邉俊之（訳）（2009）. 性理論のための三篇. フロイト全集 6. 岩波書店. 163-310.

── (1905e [1901]). Fragment of an Analysis of a Case of Hysteria. *Standard Edition7,* 1-122. 渡邉俊之・草野シュワルツ美穂子（訳）（2009）. あるヒステリー分析の断片〔ドーラ〕. フロイト全集 6. 岩波書店. 1-161.

── (1908a). Hysterical phantasies and their relation to bisexuality, *Standard Edition 9.* 155-166. 道簇泰三（訳）（2007）. ヒステリー性空想，ならびに両性性に対するその関係. フロイト全集 9. 岩波書店. 241-250.

── (1909b). Analysis of a Phobia in a Five-Year-Old Boy. *Standard Edition10,* 3-149. 総田純次（訳）（2008）. ある五歳男児の恐怖症の分析〔ハンス〕. フロイト全集 10. 岩波書店. 1-176.

── (1909d). Notes upon a Case of Obsessional neurosis, *Standard Edition10.* 151-249. 福田覚（訳）（2008）. 強迫神経症の一例についての見解〔鼠男〕. フロイト全集 10. 岩波書店. 177-274.

── (1916-17). Lecture 23, 'The Paths to the formation of symptoms', Introductory Lectures on Psycho-Analysis, *Standard Edition16.* 358-372. 新宮一成・高田珠樹・須藤訓任・道簇泰三（訳）（2012）. フロイト全集 15. 第 23 講. 岩波書店. 426-449.

── (1917b). A Childhood Recollection from Dichtung und Wahrheit. *Standard Edition17,* 145-156. 吉田耕太郎（訳）（2010）.『詩と真実』の中の幼年期の思い出. フロイト全集 16. 岩波書店. 57-70.

── (1918b [1914]). From the History of an Infantile Neurosis. *Standard Edition17.* 1-122. 須藤訓任（訳）（2010）. ある幼児期神経症の病歴より〔狼男〕. フロイト全集 14. 岩波書店. 1-130.

Freud, A. (1946). *The psychoanalytical treatment of the children.* London: Imago. 北見芳雄, 佐藤紀子（訳）（1961）. 児童分析──教育と精神分析療法入門. 誠信書房.

Friedman, M.E. (1993). When the analyst becomes pregnant ── twice. *Psychoanalytic Inquiry, 13,* 226-239.

藤原勝紀（2009）. 臨床心理士の諸活動　（財）日本臨床心理士資格認定協会創立 20 周年記念事業『私立学校臨床心理士支援事業』について. 臨床心理士報, 20（2）, 11-13.

福本修（2013）. 現代クライン派精神分析の臨床. 金剛出版.

228

Fuller, R. L. (1987). The impact of therapist's pregnancy on the dynamics of the therapeutic process. *Journal of American Academy of Psychoanalysis*, 15, 9-28.

Gerson, B. (1994). An analyst's pregnancy loss and its effects on treatment: disruption and growth. *Psychoanalytic Dialogue*, 4, 1-17.

Grinberg, L. (1962). On a specific aspect of countertransference due to the patient's projective identification. *International Journal of Psycho-Analysis*, 43, 436-440. 下河重雄（訳）(2003). 患者の投影同一化による逆転移のある特異面. 松木邦裕（監訳）(2003). 対象関係論の基礎. 新曜社.

Guy, J.D. (1987). *The Personal Life of the Psychotherapist*. New Jersey: John Willey & Sons, 157-161.

Guy, J.D., Poelstra, P.L., & Stark, M.J. (1989). Personal distress and therapeutic effectiveness: National survey of psychologists practicing psychotherapy. *Professional Psychology: Research and Practice*, 20, 48-50.

Hannett, F. (1949). Transference reactions to an event in the life of the analyst. *Psychoanalytic Review*, 36, 69-81.

原田眞理 (1999). 治療者の妊娠が治療関係におよぼすことの扱いをめぐって. 精神分析研究, 43, 369-371.

― (2013). 女性セラピストと精神分析的心理療法―妊娠，子育てがセラピストに与える影響― 『論叢』玉川大学教育学部紀要, 147-155.

Heimann, P. (1950). On counter-transference. *International Journal of Psycho-Analysis*, 31, 81-84. 原田剛志訳 (2003). 逆転移について. 松木邦裕（監訳）(2003). 対象関係論の基礎. 新曜社.

Hinshelwood, R.D. (1989). *A Dictionary of Kleinian Thought*. London: Free Association Books. 衣笠隆幸（総監訳）(2014). クライン派用語事典. 誠信書房.

平木典子・園田雅代・下山晴彦他 (2003). 臨床ゼミ 女性の発達臨床心理学 (5) 女性心理臨床家に今，必要なもの (1). 臨床心理学, 3, 736-739.

Imber, R. R. (1990). The avoidance of countertransference awareness in a pregnant analyst. *Contemporary Psychoanalysis*, 26, 223-236.

― (1995). The role of the supervisor and the pregnant analyst. *Psychoanalytic Psychology*, 12, 281-296.

Isaacs, S. (1948). On the nature and function of phantasy, *International Journal of Psycho-Analysis*, 29,73-97. 一木仁美訳 (2003) 空想の性質と機能. 松木邦裕（監訳）(2003). 対象関係論の基礎. 新曜社.

Jones, E. (1953). *The Life and Work of Sigmund Freud, Vol.1*. London:

Hogarth Press.

Joseph, B.（1985）．Transference: the total situation, *International Journal of Psycho-Anaysis,* 66 447-454. 古賀靖彦（訳）（2000）．転移：全体状況．松木邦裕（監訳）（2000）．メラニー・クライントゥデイ③．岩崎学術出版社.

— （1988）．Projective identification – some clinical aspects. Bott Spillius, E.（Ed.）．*Melanie Klein Today: Developments in Theory and Practice, Vol. 1, Mainly Theory.* 138-150. 古賀靖彦（訳）（1993）．投影同一化―いくつかの臨床側面．松木邦裕（監訳）（1993）．メラニー・クライントゥデイ①．岩崎学術出版社．167-183.

— （2001）．Transference In Bronstein, C.（Ed.）．*Kleinian Theory: A Contemporary Perspective.* 阿比野宏訳．転移．福本修・平井正三（監訳）（2005）．現代クライン派入門．岩崎学術出版社.

上別府圭子（1988）．妊婦と精神療法．心と社会, 51, 129-135.

— （1993）．心理治療における治療者の妊娠が治療過程に及ぼす影響．東京大学博士論文（未公刊）．

— （1995）．女性治療者のライフサイクルと心理療法―性愛の取り扱いをめぐって．精神分析研究, 39, 297-299.

— （1999）．治療者の性別とライフサイクルが精神療法に及ぼす影響　女性治療者と男性患者．精神分析研究, 43, 151-160.

笠井さつき（2002）．女性セラピストの妊娠が心理療法に及ぼす影響　3事例の報告を中心として．心理臨床学研究, 20, 476-487.

— （2009）．受け入れがたい現実としての治療者の妊娠―空想の対象から現実の対象へ―．精神分析研究, 53, 22-31.

衣笠隆幸（2002）．女性段階．精神分析事典．小此木啓吾（編集代表）（2002）．岩崎学術出版社．230-231.

北山修・池田政俊・笠井さつき・原田眞理他（2014）．第30回日本精神分析学会教育研修セミナー「治療者のセクシャリティを考える―特に女性であることについて」．日本精神分析学会第60回大会抄録集.v-vi.

厚生労働省（2013）．人口動態調査.

日下紀子（1999）．妊娠・出産による治療者の不在をめぐる治療的相互交流についての考察．精神分析研究, 43, 371-373.

— （2002）．孤独感の再演－妊娠・出産による治療者の不在をめぐる考察．精神分析研究, 46, 36-43.

— （2006）．セラピストの妊娠・出産による不在をめぐる治療的相互交流　妄想－迫害性の不安を抱く重篤な事例との経験から．心理臨床学研究, 24, 292-

300.

Klein, M. (1928). Early Stage of the Oedipus Conflict. *The Writing of Melanie Klein, Vol.1*, 186-198. 柴山謙二（訳）（1983）．エディプス葛藤の早期段階．メラニー・クライン著作集1. 誠信書房. 225-238.

— (1929). Infantile anxiety-situations reflected in a work of art and in the creative impulse. *The Writing of Melanie Klein Vol.1*, 210-218. 坂口信貴（訳）（1983）．芸術作品および創造的衝動に現れた幼児期不安状況．西園昌久・牛島定信（責任編訳）．メラニー・クライン著作集1　子どもの心的発達．誠信書房．

— (1931). A Contribution to the Theory of Intellectual Inhibition. *The Writing of Melanie Klein, Vol.1*. 236-247. 坂口信貴（訳）（1983）．知性の制止についての理論的寄与．メラニー・クライン著作集1. 誠信書房. 287-302.

— (1932). *The Psycho-analysis of children. The Writing of Melanie Klein Vol.2*. 衣笠隆幸（訳）（1997）．児童の精神分析．メラニー・クライン著作集2. 誠信書房．

— (1952b). 'The Origins of transference' In *the Writings of Melanie Klein, Vol.3*. London: Hogarth Press, 48-56. 舘哲朗（訳）（1985）．転移の起源．メラニー・クライン著作集4. 誠信書房. 61-72.

— (1955). The Psycho-Analytic Play Technizue: Its History and Significance. *The Writing of Melanie Klein, Vol. 3*. 渡辺久子（訳）（1985）．精神分析的遊戯技法──その歴史と意義．メラニー・クライン著作集4. 誠信書房. 157-181.

Lax, R. F. (1969). Some considerations about transference and countertransference manifestations evoked by the analyst's pregnancy. *The International Journal of Psycho-Analysis*, 50, 363-372

Lazar, S.G. (1990). Patient's Responses to pregnancy and miscarriage in the analyst. In Schwartz, H. J. & Silver, A-L. S. (Eds.). *Illness in the analyst*. New York: International Universities Press. 199-226.

Mariotti, P. (1993). The analyst's pregnancy: the patient, the analyst, and the space of the unknown. *International Journal of Psycho-Analysis*, 74, 151-164.

Marlin, O. (1988). Parenthood in the Life of the Analyst. *Contemporary Psychoanalysis*, 24, 470-477.

真崎由美子（2014）．心理療法におけるセラピストの妊娠・出産がもたらす心理的意味について．サピエンチア：英知大学論叢, 48, 62-71.

松木邦裕（1990）．中立性について．精神分析研究, 34, 105-113.

― (2003). 空想の性質と機能（解説部分）. 対象関係論の基礎. 新曜社. p.98

― (2005). 私説　対象関係論的心理療法入門. 金剛出版.

― (2010). 精神分析臨床家の流儀. 金剛出版.

McGarthy, M. (1988). The analyst's pregnancy. *Contemporary Psychoanalysis,* 24, 684-692.

McWilliams, N. (1980). Pregnancy in the analyst. *American Journal of Psychoanalysis,* 40, 367-369.

Meltzer, D. (1966). The relation of anal masturbation to projective identification. *International Journal of Psychoanalysis,* 47, 335-342. 世良洋（訳）(1993). 肛門マスターベーションの投影同一化との関係. 松木邦裕（監訳）(1993). メラニー・クライントゥデイ①. 岩崎学術出版社. 124-141.

― (1967). *The psycho-analytical process.* London: Karnac. 松木邦裕（監訳）(2010). 精神分析過程. 金剛出版.

― (1968). Terror, Persecution, Dread—a Dissection of Paranoid Anxieties. *International Journal of Psycho-Analysis,* 49, 396-400. 世良洋（訳）(1993). 恐怖, 迫害, 恐れ―――妄想性不安の解析. 松木邦裕（監訳）(1993). メラニー・クライントゥデイ②　岩崎学術出版社. 97-106.

―(1978). *The Kleinian development.* London: Karnac. 松木邦裕（監訳）(2015). クライン派の発展. 金剛出版.

― (1986). *Studies in extended metapsychology.* Perthshire: Clunie Press.

― (1992). *Claustrum；An investigation of claustrophobic phenomena.* Perthshire: Clunie Press.

Meltzer, D. & Williams, M.H. (1988). *The apprehension of beauty: The role of aesthetic conflict in development, art, and violence.* Perthshire: Clunie Press. 細澤仁（監訳）(2010). 精神分析と美. みすず書房.

Meyers, H. (1986). Analytic work by and with women: The complexity and the challenge. In Meyers, H.C. (Ed.) *Between analyst and patient: new dimensions in countertransference and transference.* New Jersey: Analytic Press.

Moldawsky, S. (1986). When men are therapists to women: Beyond the oedipal pale. In Bernay, T. & Cantor, D.W. (Ed.). *The psychology of today's woman.* New Jersey: Analytic Press.

Money-Kyrle, R. (1956). Normal counter-transference and some of its deviations. *International Journal of Psycho-Analysis,* 37, 360-366. 永松優一訳 (2000). 正常な逆転移とその逸脱. 松木邦裕（監訳）(2000). メラニー・ク

ライントゥデイ③. 岩崎学術出版社. 28-43.

── (1971). The aim of psychoanalysis. *International Journal of Psycho-Analysis,* 52, 103-106.

Nadelson, C., Notman, M., Arons, E. & Feldman, J. (1974). The pregnant therapist. *American Journal of Psychiatry.* 131, 1107-1111.

Naparstek, B. (1976). Treatment guide lines for the pregnant therapist. *Psychiatric Opinion,* 13, 20-25.

成田ひろ子 (2004). セラピストの妊娠が遊戯療法担当事例に及ぼす影響. 目白大学人間社会学部紀要, 4, 81-89.

成田善弘 (1993). 限界を認めることの難しさ. 精神分析研究, 37, 289-291.

日本臨床心理士会 (2009). 第5回「臨床心理士の動向ならびに意識調査」報告書. 日本臨床心理士会.

西坂恵理子 (2013). セラピストの妊娠および出産にまつわる空想をめぐって. 精神分析研究, 57, 348-358.

大野裕 (1983). 治療者の休みと患者の反応―摂食障害患者の病態水準の違いと"早すぎる自立の試み"との関連で―. 精神分析研究, 27, 145-156.

Paluszny, M. & Posnanski, E. (1971). Reactions of patients during pregnancy of the psychotherapist. *Child Psychiatry and Human Development,* 1, 226-275.

Penn, L.S. (1986). The Pregnant Therapist. Transference and Countertransference Issues. In Alpert, J.L. (Ed.). *Psychoanalysis and women contemporary reappraisals,* New Jersey: Analytic Press.

Perlman, L. (1986). The analyst's pregnancy: transference and countertransference reactions. *Modern Psychoanalysis,* 11, 89-102.

Raphael-Leff, J. (1980). Psychotherapy with Pregnant Women. In B.L. Blum. (Ed.). *Psychological aspects of pregnancy, birthing, bonding.* New York: Human Sciences Press. 174-205.

── (1993 [1995, 2001]). *Pregnancy: The inside story.* New Jersey: Jason Aronson.

── (2003 [2008]). *Parent infant psychodynamics: Wild things, mirrors and ghosts.* London: Whurr Publishers. 木部則雄 (監訳) (2011). 母子臨床の精神力動. 岩崎学術出版社.

── (2004). Unconscious transmissions between patient and pregnant analyst. *Studies in Gender and Sexuality,* 5, 317-330.

Rhoads, E.J., Rhoads, J.M. (1995). The benefits of vacations/interruptions in psychoanalysis. *Journal of Clinical Psychoanalysis,* 4, 209-222.

Ruderman, E. (1986). Creative and reparative uses of countertransference by women psychotherapists treating women patients: A clinical research study. In Bernay, T. & Cantor, D.W. (Ed.). *The psychology of today's woman.* New Jersey: Analytic Press.

Sandler, J. (1976). Countertransference and role-responsiveness. *International Review of Psycho-Analysis,* 3, 43-47.

Schafer, R. (1997). *The contemporary Kleinians of London.* New York: Internatinal Universities Press. 福本修 (訳) (2004). 現代クライン派の展開. 誠信書房.

Segal, H. (1977). Counter-transference. *International Journal of Psychoanalytic Psychotherapy,* 6, 31-37. 松木邦裕 (訳) (1988). 逆転移. クライン派の臨床. 岩崎学術出版社. 99-107.

― (1981). The work of Hanna Segal: A Kleinian approach to clinical practice. New Jersey: Jason Aronson.

Sherby, L.B. (2013). *Love and Loss in Life and in Treatment.* London: Routledge.

下山晴彦 (2003). 臨床ゼミ 女性の発達臨床心理学 (6) 女性心理臨床家に今, 必要なもの (2) 女性にとって臨床心理学を学ぶことの意味. 臨床心理学, 3, 881-886.

白坂香弥 (2007). 女性臨床心理士の妊娠・育児経験と心理臨床活動. 明治大学心理社会学研究, 2, 43-56.

Spillius, E.B. (2001). Freud and Klein on the concept of phantasy. *International Journal of Psycho-Analysis,* 82, 361-373. 阿比野宏 (訳) (2005). フロイトとクラインにおける空想 (Phantasy) の概念. 福本修・平井正三 (監訳) (2005). 現代クライン派入門. 岩崎学術出版社.

Spillius E. B., Milton J., Garbey P., Couve C. and Steiner, D. (2011). *The New Dictionary of Kleinian Thought.* London: Routledge.

Strachey, J. (1934). The Nature of the Therapeutic Action of Psycho-Analysis. *International Journal of Psycho-Analysis,* 15, 127-159. 山本優美 (訳) (2003). 精神分析の治療作用の本質. 松木邦裕 (監訳) (2003). 対象関係論の基礎. 新曜社.

Strean, H. S. (2002). A therapist's life ‒Threatening disease its impact on countertransference reaction and treatment techniques. *Psychoanalytic Inquiry,* 2, 559-579.

高石恭子（2003）．母親になることと心理療法家であること．松尾恒子（編著）（2003）．母と子の心理療法．創元社．222-231.

Turkel, A.R.（1993）．Clinical issues for pregnant psychoanalysts. *Journal of the American Academy of psychoanalysis and Dynamic Psychiatry, 21*, 117-131.

Underwood, M.M. & Underwood, E.D.（1976）．Clinical observations of a pregnant therapist. *Social Work, 21*, 512-514.

Uyehara, L.A., Austrian, S., Upton, L.G., Warner, R.H. & Williamson, R.A.（1995）．Telling about the analyst's pregnancy. *Journal of the American Psychoanalytic Association, 43*, 113-135.

Van Leeuwen, K.（1966）．Pregnancy envy in the male. *International Journal of Psycho-Analysis, 47*, 319-324.

若佐美奈子（2013）．治療者の妊娠・出産によって喚起される患者の無意識的空想の展開について　クライン派精神分析理論による臨床ヴィネット考察の試み．京都大学大学院教育学研究科紀要，59, 513-525.

Waugaman, R.M.（1991）．Patients' reactions to the birth of a male analyst's child. *Journal of American Academy of Psychoanalysis, 19*, 47-66.

Weiss, S. S.（1975）．The effect on the transference of "special events" occurring during psychoanalysis. *International Journal of Psycho-Analysis, 56*, 69-75.

Whyte, N.（2004）．The analyst's pregnancy: A non-negotiable fact: The challenge to existing object relations. *Psychoanalytic Psychotherapy, 18*, 27-43.

Winnicott, D. W.（1949）．Hate in the counter-transference. *International Journal of Psycho-Analysis, 30*, 69-74. 北山修（監訳）（2005）．逆転移のなかの憎しみ．小児医学から精神分析へ．岩崎学術出版社．

― （1965）．The maturational processes and the facilitating environment. London: Hogarth Press. 牛島定信（訳）（1977）．情緒発達の精神分析理論．岩崎学術出版社．

Yakeley, J.（2013）．Seeing, mirroring, desiring: The impact of the analyst's pregnant body on the patient's body image. *International Journal of Psycho-Analysis, 94*, 667-688.

山口慶子（2009a）．子育て体験をとおした母親心理臨床家の職業的自己のあり方―妊娠・出産期における特徴と課題―．研究助成論文集，45, 23-32.

― （2009b）．妊娠期にある女性心理臨床家の臨床実践上の問題：治療関係における女性セラピストの妊娠をめぐる問題に関する文献検討．お茶の水女子大

学心理臨床相談センター紀要, 11, 13-24.

― (2013). セラピストは自らの妊娠を心理面接でどのように扱うか　内的体験に関する質的研究. 臨床心理学, 13, 829-838.

山口慶子・岩壁茂 (2012). 母親であることと心理療法家であること　子育て体験と臨床活動の交差. 心理臨床学研究, 29, 728-738.

山崎めぐみ (2010). カウンセラーの妊娠が心理面接に及ぼす影響　―女性カウンセラーと男子学生―. 学生相談研究, 30, 179-190.

Zeavin, L.M. (2005). Knowing and not knowing: *The analyst's pregnancy. The Psychoanalytic Quarterly,* 74, 703-735.

謝　辞

　本書は，平成 28 年 3 月に京都大学より博士号（教育学）を授与された博士論文「無意識的空想への治療者の影響に関する心理臨床研究——女性治療者の妊娠・出産に注目して」を書籍にしたものです。以前，学術雑誌に掲載された論文を大幅に加筆修正しています。

　博士論文を執筆するにあたって，京都大学大学院教育学研究科准教授・髙橋靖恵先生（主査），名誉教授・松木邦裕先生（副査），教授・皆藤章先生（副査）に，ご指導ご鞭撻を賜りました。

　髙橋先生は，経験豊富で懐の深い臨床家であるとともに，同じ女性・母親として臨床活動を続けてこられた大先輩です。ご指導の随所には，ご自身の深い洞察が織り込まれており，多くを学ばせていただきました。また，松木先生は，私には測り知れないほどの豊かで深い経験と知識で支えていただき，考えること，書くことを勇気づけてくださっただけでなく，私にはもったいない推薦の辞を賜りました。松木先生の下で，自由かつ貪欲に学び，考えた，幸せな 4 年間の京都大学での生活は，大切な道標となって，今後の私を支えてくれることを確信しています。皆藤先生には，オリエンテーションの異なる私に対して，先生独自の視座から，研ぎ澄まされたご意見を頂戴し，強い刺激を受けました。先生方にこころから感謝申し上げ

ます。

　次に，事例の公開を許可してくださったクライエントの皆様にこころから御礼申し上げます。本研究は，私の個人的な出来事によってクライエントの皆様に与えた影響について，専門的に考察することで治療に還元したいという思い，そして同じような困難に立ち向かう若い女性臨床家に貢献したいという思いから生じたものです。これからも，経験から学び続け，クライエントの皆様に対して真摯に心理療法に取り組みたいと思います。また，同じように考えておられる読者の皆様に，少しでも本書がお役に立つようでしたら，とても嬉しく思います。

　そして，ともに臨床に取り組んでいる，精神科医の先生方やスタッフの皆様にも感謝申し上げます。本文中に述べましたように，セラピストの妊娠という困難に取り組むことができたのは，長年のチームワークと信頼関係の中で培った，クライエントの皆様を包む大きなコンテイナーのおかげです。

　堀川聡司さんには，草稿すべてに目を通していただき，丁寧かつ的確なご意見を賜りました。こころより感謝申し上げます。

　初めての出版でしたが，金剛出版の中村奈々さんにお手伝いいただき，素敵な本になりました。ありがとうございます。

　また，本研究の事例理解や考察には，私の分析家やスーパーヴァイザーの先生方との意識的・無意識的体験やそこでの学びが強く反映されています。執筆中，こころのなかで，分析家やスーパーヴァイザーと何度となく対話し，臨床家として大切にしたいことを言葉にするよう，最大限努力しました。これからもこの試みを続けていきたいと思います。

　本書を執筆するには長い時間がかかりました。私の家族は，私という母親，妻，娘がこの仕事を成し遂げるまで，本当に粘り強く支え，こころから励ましてくれました。とりわけ，夫は，私の京都大学大学院への編入学を支持し，母親であり心理臨床家であるという困難な役割を保持すること

を日々支え続けてくれました。彼の協力と励ましなしには，この研究に着手することすらできませんでした。また，母親に甘えたい盛りの幼い子ども達にも，執筆時間という大きな贈り物をもらいました。何より，子ども達の誕生と発達が，本書の主題について考える原動力になりました。授乳しては執筆し，寝かしつけては文献を読む，という生活は懐かしく愛しい思い出になりました。家族に対する感謝の気持ちは言葉に表すことができません。拙い論考ではありますが，本書が，家族との日々の関わりの中で私が学んでいることを基盤としているのは言うまでもありません。

　最後に，本研究に対してご支援賜りました住友生命「未来を強くする子育てプロジェクト」に深く感謝の意を表します。母親として，セラピストとして，研究者としての活動を認めていただき，社会からご支援いただくという機会に恵まれましたことを，心強くそして誇りに思いました。自らの好奇心や関心のみに囚われずに，社会に貢献する研究と臨床を続けていきたいと思います。

　皆様，本当にありがとうございました。

若佐 美奈子（わかさ みなこ）

1974 年高知県生まれ。

大阪大学人間科学部人間科学科卒業後，大阪大学大学院人間科学研究科博士前期課程修了，博士後期課程単位取得後退学（人間科学修士）。千里金蘭大学人間社会学部（現代社会学部）専任講師，特任准教授を経て，京都大学大学院教育学研究科博士後期課程に編入学し，教育学博士を取得。現在，大阪大学・金沢大学・浜松医科大学・千葉大学・福井大学　連合小児発達学研究科付属子どものこころの分子統御機構研究センター　特任准教授。

臨床では，児童養護施設武田塾，大阪府スクールカウンセラー，京都民医連太子道診療所などを経て，現在，渡辺カウンセリングルーム（大阪府茨木市），大阪大学医学部附属病院小児科勤務。

心理療法における無意識的空想

セラピストの妊娠に焦点を当てて

2017 年 10 月 20 日　印刷
2017 年 10 月 30 日　発行

著　者　若佐美奈子

発行者　立石正信

印刷・製本　音羽印刷
装丁　臼井新太郎
装画　野口奈緒子

発行所　株式会社 金剛出版

〒 112-0005　東京都文京区水道 1-5-16
電話 03-3815-6661　振替 00120-6-34848

ISBN978-4-7724-1587-3　C3011　　　　　Printed in Japan ©2017

こころの性愛状態

[著]=ドナルド・メルツァー
[監訳]=古賀靖彦　松木邦裕

●四六判　●上製　●372頁　●定価 **4,800**円＋税
● ISBN978-4-7724-1278-0 C3011

フロイトの「性欲論三篇」を深化させ
人間の本質としての「性愛」に迫った
ドナルド・メルツァー第二主著。

クライン派の発展

[著]=ドナルド・メルツァー
[監訳]=松木邦裕　　[訳]=世良洋　黒河内美鈴

●A5判　●上製　●600頁　●定価 **8,500**円＋税
● ISBN978-4-7724-1455-5 C3011

フロイト―クライン―ビオンを読み解き
観察技法，臨床実践，分析理論をトレースしながら
クライン派精神分析の系譜学を樹立する連続講義。

自閉症世界の探求
精神分析的研究より

[著]=ドナルド・メルツァー　ジョン・ブレンマー　シャーリー・ホクスター
リーン・ウェデル　イスカ・ウィッテンバーグ
[監訳]=平井正三　　[訳]=賀来博光　西見奈子

●A5判　●上製　●288頁　●定価 **3,800**円＋税
● ISBN978-4-7724-1392-3 C3011

精神分析や自閉症の理解において重要な研究結果となる
メルツァーの自閉症臨床研究の成果。

新装版
信念と想像：精神分析のこころの探求

[著]＝ロナルド・ブリトン
[監訳]＝松木邦裕　[訳]＝古賀靖彦

●A5判 ●並製 ●270頁 ●定価 **4,500**円＋税
● ISBN978-4-7724-1488-3 C3011

現役の精神分析家が日々の臨床と
豊かな精神分析の知識，文学や哲学についての深い造詣を
創造的に練り上げた重要な文献

新装版 # ビオンの臨床セミナー

[著]＝ウィルフレッド・R・ビオン
[訳]＝松木邦裕　祖父江典人

●A5判 ●並製 ●230頁 ●定価 **4,500**円＋税
● ISBN978-4-7724-1506-4 C3011

ビオンがブラジリアとサンパウロで行った
南米のアナリストたちへのスーパーヴァイジングの模様をまとめた。
ケース・プレゼンテーションにビオンが応える貴重な記録であり
いわばビオンのエッセンスが凝縮している。

新装版 # 再考：精神病の精神分析論

[著]＝ウィルフレッド・R・ビオン
[監訳]＝松木邦裕　[訳]＝中川慎一郎

●A5判 ●並製 ●200頁 ●定価 **4,200**円＋税
● ISBN978-4-7724-1344-2 C3011

ビオン自身がケースを提示した 8 本の論文に
自らが再び思索を深め〈Second Thoughts〉
詳しく解説を加えたものである。